谨·以·此·书

献给天下所有童心未泯的人

重新发现儿童

高峰 著

中国人民大学出版社
· 北京 ·

目录

自序

让儿童站在正中央

翻开我们的文化经典，如《论语》《道德经》和唐诗宋词等，我们可以发现，自古以来中国的儿童都是生活在成人的世界里，都是被教训、被教导的角色。几千年来，中国的儿童从未“站在正中央”，成为具有独立价值的人。

宋代著名理学家朱熹曾告诫世人：小孩子最好有什么吃什么，不要靠近热闹的地方，不要养小鸟、狗、猫之类的小动物，不要打球、踢球、放风筝……清代蒙师崔学古在《幼训》中强调：不许孩子捉虫子、踩蚂蚁、玩游戏……

胡适先生曾说过，你看一个国家的文明，只需考察三件事：第一，看他们怎样对待小孩子；第二，看他们怎样对待女人；第三，看他们怎样利用闲暇时间。

在中国这样一个文明古国，我们是怎样对待小孩子的？历史上很多道德家、教育家总是严禁孩子玩耍，因为他们认为孩子不应做“无益之事”，孩子的时间和精力最好都用到学习、读书、习礼等“有益之事”上。

按照胡适先生的“文明”标准，中国是不是一个文明古国？

清末以来，随着现代学校的兴起，我们逐步把儿童当成一个完整的人来对待。然而到了今天，虽然儿童已成为“小皇帝”“小公主”了，看似我们把儿童当成人来对待了，但我们又把儿童看成大人的“工具”“手段”“脸面”，将儿童视为简单的“物”或私有财产，并试图把他们“塑造”成一个什么“东西”。

儿童不是小大人。儿童有独立的、不同于成人的生活。蒙台梭利认为，儿童是成人之父。保护儿童的天性，就是保护人类的真诚和善良、公平和正义、美好和未来。从这个意义上说，儿童是民族的未来和国家的未来。

以儿童为本位是现代教育的逻辑起点。我们在 2001 年提出“幸福教育”的办学理念与实践模型，就是以儿童为本位，不懈追求让每一个孩子拥有幸福的童年和幸福的人生。

我们成人常常自以为是地对待儿童。其实，这是大错特错的。儿童是神秘的、诗意的、艺术的，我们成人要重新发现和探索儿童的世界。唯有如此，我们才能让儿童站在正中央，创造出适应儿童成长的教育生活。

Ⅰ

看见儿童

三

城市为谁而准备

“赫尔辛基：为儿童和童心未泯的人而准备！”住进宾馆，从床头拿起一本小册子，看到这本赫尔辛基城市宣传手册上的这句话时，我大吃一惊。

赫尔辛基作为芬兰的首都，关注的焦点不是GDP，不是政治，而是“为儿童和童心未泯的人而准备”。这样的城市执政理念和追求，这样的城市精神和襟怀，怎能不让人吃惊！怎能不让人肃然起敬！

我想到了学校。

其实，校园更应该是为儿童准备的。遗憾的是，我们今天的校园似乎还不是为儿童准备的。譬如，我们没有按照儿童的需求设计校园，校园设计更多的是成人的想当然；我们没有为儿童准备好可供他们自由选择的课程，所以我们的儿童万人一面，高度同质化；我们甚至连教室也没有准备好，每年招生都像打仗，一个班级里要安排40—60个儿童……是的，我们真的还没有为儿童准备好。

我们也没有为童心未泯的人做好准备。因为我们的招聘制度、考核制度和工资制度等存在这样或那样的问题，进入校园工作的人并不都是童心未泯的人，并不都是怀揣教育梦想的人，甚至有的人当老师就是为了挣份工资养家糊口。而且，由于我们的人事制度等存在缺陷，即使童心未泯、怀揣教育梦想的人进入校园，也很难实现自己的梦想、抱负和价值。

据了解，芬兰公民缴纳的个人所得税比较高，譬如，一位小学校长一年挣3万欧元，就要缴纳差不多1万欧元的个人所得税。2012年芬兰政府想把个人所得税降低一些，于是进行全民公决，结果全国人民不答应。他们缴纳的个人所得税，很大一部分被用来办学校，让孩子们从幼儿园到大学都接受免费的优质教育。所以，芬兰成为全世界办学质量最好、社会最稳定、人民最幸福的国家之一。

学校和城市均为儿童和童心未泯的人而准备，这是实现中国梦的必要条件。

让孩子站在校园的正中央

这一周是我们学校的“瑞典文化周”。我们学校和我们的友好学校——瑞典乌普萨拉的南纳学校，共同邀请了瑞典驻华大使馆的文化参赞马福力先生前来出席活动的开幕式。

开幕式之前，我陪同马福力先生在校园里转了一圈。马福力先生仔细观赏了“玉玉”“泉泉”的雕塑，踏上了“追星大道”，穿越了童话长廊，走访了童话主题阅读馆，在音乐教室里欣赏了孩子们的口琴演奏，参观了“动物之家”，试用了儿童滑梯、爬杆，摸了摸“棋艺世界”的棋盘……他转过身来，说了一句让我吃惊的话：“毫无疑问，这个校园是为孩子们准备的！”

这几年到我们学校参访的官员、专家、学者等很多，从来没有人说过这样的话。这位来自瑞典驻华大使馆的官员，竟然有和孩子一样的视角，令我感动。而中国人看学校，往往是以成人的视角来看的。

什么是孩子的视角？譬如，校园里有一个不大的配电箱立在那里，我们觉得它很平常，而孩子们则感觉它非常高大、非常生硬、非常可怕。于是，我们就对配电箱进行包装，将其改造成一座“动物园”，里面养了小兔子、小鸟、小鸭子等。几乎每天都有孩子聚在那里观赏，并叽叽喳喳地与小动物对话。前几天我才发现，春天开始饲养的小鸭子已经长大了。一位小朋友说：“看，小鸭子长成大鹅了！”请不要笑，他就是这样表达的。

目前在德育工作中形式主义的东西特别多，远离孩子的生活。学校的德育工作大都是由上级部门安排和指示的，这种安排和指示是由外而内的——几乎是我们成人强加给孩子的。而真正的德育课程，应该从孩子那里生长出来，即围绕孩子的需求和发展去建构德育课程，这样的课程才是为孩子准备的。

只有让孩子站在校园的正中央，这所学校才是为孩子设计、为孩子建设、为孩子准备的。所以，我们必须以孩子的视角去规划我们的校园，从孩子的需要出发去添置学习物品，按照孩子的成长规律去建构课程。

玉泉小学的校园里到处都是花花绿绿的，到处都是供孩子们玩耍的设施，每一面墙、每一块砖都会“说话”，我们建构起了适应儿童发展的显性的和隐性的“幸福教育”课程体系。

三

我们为什么而工作

在教师节庆祝大会上，我与在场的老师和社会各界人士一起探讨了这样一个话题：我们为什么而工作？

美国总统奥巴马的夫人为了支持丈夫再次竞选总统，在许多场合做演讲，其中有一段话让我印象深刻。她说：“我们今天拼命地工作，我们保持社会的民主与平等，我们促进经济生活的平稳和不断发展……我们的目的只有一个，就是让我们的孩子们将来过上更安全、更民主、更有尊严、更幸福的美好生活！”

当一个国家、一个民族的人民为了孩子的未来而拼命工作、努力奋斗的时候，我敢说，这个国家、这个民族一定会越来越强大。因为任何一个国家、一个民族屹立在世界上靠的都是竞争力，都是下一代人的竞争力！

秋日里的一天下午，我到香山脚下的一所学校研讨语文教学问题。在回来的路上，司机师傅和我说："您看这一大片别墅，都被有钱人买走了。有的人真有钱，一口气买三套！"

这让我想到了另一个问题：我们中国人今天为什么而工作？仅仅是为了住上别墅？为了坐上豪车？为了吃上鲍鱼、海参？为了自己更多地享乐？

贵州有一所学校，开学时都是孩子们自己扛着课桌椅来的。我还曾看过黑龙江一所小学新任校长的一篇博客文章，她说她接手的学校除了有十一万元的债务外，几乎没有一件像样的东西。

教师节，是为教师过节，是尊师重教的表现，是一种庆祝的姿态；但是，对我们校长和教师来说，它可能更是一种担当、一种责任——当社会上的一些人为了追逐别墅、豪车而拼命的时候，我们的孩子、我们的未来都在我们手里，我们需要在办学资金并不充裕的情况下努力把学校办好！

我们应该明白今天我们为什么而工作！

三

孩子们，对不起

为了悼念在 1942 年利迪策惨案中和全世界所有在法西斯侵略战争中死难的儿童，反对虐杀和毒害儿童，以及保障儿童权利，1949 年 11 月国际民主妇女联合会决定将每年的 6 月 1 日作为国际儿童节。

儿童节是属于孩子们的。

最近，媒体爆出了多起校园性侵案和儿童伤害案。我想，在儿童节来临之际爆出的这些案件仅仅是冰山一角。实际上，我们还缺少安全的校园和教室，我们还没有建立起能保护孩子的强有力的司法系统，我们还有一些不合格的教师和职员，我们还没有培养出称职的父母，我们还没有足够的钱让孩子们享受优质教育……

这个节日，不应是成人作秀的日子，不应是成人祝福的日子，不应是成人虚伪的日子。

2013 年 6 月 1 日的《新京报》社论指出："我们习惯于祝福，而不习惯于检讨；习惯于讲儿童权益保护的成绩，而不愿正视儿童保护的不足；习惯于看到给予，而回避亏欠；习惯于一味责难，而逃避自身的责任；习惯于凭着身高和年龄优势，对孩子们指手画脚，而不习惯于蹲下身子，以平等的姿态和目光，和孩子交流，认真倾听他们的世界与心声。"

据报载，甘肃宁县为庆祝六一儿童节，让小学生坐着货车一路颠簸到县城参加文艺演出，演给领导看。教育局的官员哪，是孩子们的生命重要，还是庆祝儿童节的演出重要？在这些官员的心中，这些其实都不重要，他们的心里已经没有儿童，只有自己的官架和名利！

今天是六一儿童节。大街上到处都是孩子们的笑脸，这是世界上最美丽的图画。我愿意把最美好的祝福送给所有孩子！

然而，成人们要好好想一想：在儿童节，我们是否应该对孩子们说声"对不起"？

我们亏欠孩子太多：我们欠孩子一罐安全的奶粉，我们欠孩子一辆安全的校车，我们欠孩子一个平等的教育机会，我们欠孩子一个安全的校园，我们欠孩子一个资源丰富的教室和图书馆……

设立儿童节意在提醒各国政府和人民要保障儿童的各项权益。政府要负起责任，加强社会管理，加大对犯罪的打击，保证每一个孩子都免遭伤害，让孩子们安全、健康地成长。学校和老师要平等地对待每一个孩子，不放弃任何一个孩子，保护好每一个孩子，让孩子们在关爱中长大。每一个家庭都不要把孩子当作私有财产，而要尊重孩子，和孩子平等、民主地交流与对话，让孩子远离家庭专制和暴力，让孩子幸福地生活！

凤凰网发布消息说，在儿童节当天，北京有近四成的孩子是在社会辅导班或培训班里度过的。我们连儿童节一天的时间都不舍得还给孩子，这说明我们成人是多么的贪婪和自私！试问：下一个儿童节到来的时候，我们能否不用再对孩子们说“对不起”？

让我们行动起来吧！

三

学校为孩子而存在

开发商建起一个小区，人们前来购房。只要人们住进这个小区，就有孩子要上学。按照政府的规定，开发商必须为小区配套建设一所学校以满足居民的需求。从这里可以看出，因为有孩子要上学，所以要配套建设一所学校。同时，人们购买住房的时候，也就投资建设了学校——建设学校的钱其实是买房的居民或者说是家长出的。

如果只有一个空校舍，肯定不能放学生进去，政府还要购买教学设施，任命校长。校长要招聘教师，购买教材，然后招生、开学。这样，一所学校就诞生了！从这里可以看出，先有学生，再有学校，后有校长，然后才有教师。也就是说，学校一定是为学生而存在的。没有学生，哪来学校？没有学校，哪来校长和教师？

读到这里，你肯定偷偷地笑了：这样一个浅显的道理谁还不明白？然而，就是有人不明白。你看，学校外面的人以为学校是政府的，所以有问题就找政府；很多官员很自然地认为学校是政府的，可以对学校为所欲为；学校内部的人理直气壮地认为学校是校长的、老师的，在学校里爱怎么办就怎么办。很少有人认为学校是孩子们的。

网上说，四川内江一所小学在举行“和谐学校”授牌仪式时，组织小学生在寒风中夹道欢迎莅临的市妇联领导。此类现象在我们的学校中经常出现，究其原因，就是我们从不认为学校是孩子的，而且将孩子当作自己的工具。所以，我们做出了许许多多让人觉得不可思议的怪事。

从本质上说，学校是为孩子而存在的。所以，学校教育的起点，一定在孩子那里，而不在上级领导和校长那里；学校的课程，一定是为孩子的成长建构的，而不应仅仅指向课本和作业；学校的目标，一定是为孩子的终身发展奠基，而不仅仅是分数和成绩。

期末考试结束后，我们面向全校孩子做了一次问卷调查。问卷中的项目有很多，我们力图从孩子们的需求出发，思考和确定下个学期的工作。例如，为了准备春季学期的十大好玩课程，我们列出了四十门包括摔跤节、爬树节、泥巴节、泼水节等在内的好玩课程，让孩子们选择。最终我们将根据孩子们的选择确定十大好玩课程。

我想，只有这么做，才能真正体现“学校为孩子而存在”这样一个理念。

三

国家的未来决胜于教室之内

我曾坐在瑞典的一间木工教室里，看五年级的孩子如何在老师的帮助下，像一个木匠那样认真地制作一把椅子。一个男孩制作得满头大汗，完工后他兴奋地将作品展示给我们看，并邀请我们试坐一下。

我曾坐在美国休斯敦的一间教室里，看一年级的孩子上阅读课。孩子们被分成四个小组，每组有四个孩子，每组阅读不同的文本，然后根据老师的提示研究文章的结构。四组孩子虽然阅读不同的材料，但研究的是同一个主题。

我还曾坐在美国加利福尼亚州的一间教室里，看四年级的孩子上数学课。我看到老师在引导孩子们思考并解决问题——他们四年级的孩子学习的是我们二年级的知识。在这间教室里，有墨西哥裔、非洲裔、韩国裔等不同族裔的孩子，只有一个白人小孩。我看到，整堂课孩子们没有喧哗，没有吵闹，每个孩子都积极地“动起来”。可以说他们学得扎扎实实、认认真真、富有成效。

想想我们自己，想想我们花里胡哨的课堂教学，想想我们不断追求分数的功利心态，想想我们整天抱怨的老师，我忽然想到了一个问题：我们的孩子真的比某些族裔的孩子聪明吗？如果我们比较一下中美两国不同的课堂教学，看看墨西哥裔、非洲裔孩子在课堂上的表现和发展，就会觉得后背发冷，因为事实并不是我们认为的那样！

今天的儿童，就是国家的未来。一个国家的未来决胜于教室之内呀！

世界上最大的家具家居用品商“宜家家居”诞生在瑞典，这不是毫无缘由的。瑞典的每所小学都配有宽敞的木工教室、琳琅满目的材料和工具等资源，以及熟练掌握木工技能的老师。宜家在北京东北四环有一家实体店，我经常光顾。看到那些充满创意、很实用的家具家居用品，我常生出无限的感慨。

微软和苹果公司出自美国，也不是无缘无故的。美国的课堂深受杜威实用主义教育思想的影响，真正让孩子们扎扎实实地学习、探究和合作。提高一个国家的实力需要航母、飞机、机枪、大炮，然而，如果制造和操纵航母、飞机、机枪、大炮的人不行，这个国家的实力依然是令人担心的。

今天，我们必须彻底想明白：一个国家的未来，究竟决胜于哪里？中国梦的实现，要从教室里开始！

三

不让一个孩子掉队

国务院下发了《国务院关于深入推进义务教育均衡发展的意见》（以下简称《意见》），要求“总体规划，统筹城乡，因地制宜，分类指导，分步实施，切实缩小校际差距，加快缩小城乡差距，努力缩小区域差距，办好每一所学校，促进每一个学生健康成长”。《意见》着重强调解决校际、城乡和区域之间的教育均衡问题。显然，我们针对的是整个义务教育，强调的是整体的教育价值。

我认为，整体教育均衡固然重要，但“不让一个孩子掉队”更重要。教育应关照每一个个体生命的成长，谁也不能说大城市的学校就可以培养出杰出的人物而农村的学校就不能！按照美国精神病学家爱利克·埃里克森的观点，帮助那些有问题的儿童正常成长比培养正常儿童更有价值和意义。

美国休斯敦大学的特兰克教授一直从事特殊儿童的教育研究和心理咨询工作，他向我们讲述了这样一个故事。

休斯敦一所学校一个9岁的小男孩学业优秀，一次骑自行车时遭遇了车祸，经过治疗后他虽然能正常上学，但学业水平急剧下降，在班里不再名列前茅，他的自尊心受到了打击，他开始出现暴躁情绪。家长要求学校配备专门的教师对孩子进行特殊教育。校方认为孩子还没有达到配备专门的教师的条件，没有同意。于是，家长准备向法院起诉校方。在这样的背景下，学区委托特兰克教授小组（其中有神经学教授）对孩子的行为进行评估，以决定是否配备专门的教师。

特兰克教授小组对这个男孩进行了跟踪式调查，发现他对车祸发生之前的事记忆犹新，所以希望继续保持学业优秀；而受伤后学业受到了影响，他却不能正确对待，故而出现了着急、暴躁等情绪。

特兰克教授小组建议学校对发生此类情况的学生进行小步子教学、单独授课和辅导，降低教学难度，并减少教学内容。学校采纳了这条建议，聘请特殊教育教师为这个孩子实施个性化教学，收到了极好的效果。这就是“不让一个孩子掉队”的典型案例。

假如这个小男孩是在我们的学校里，结果会怎么样？从目前大班教学、教师编制紧缺的实际来看，我敢说我们难以做到个性化教学。

美国的学校之所以能够做到，一是因为美国联邦政府有一笔专用资金，可以为问题学生、困难家庭和母语非英语的移民后裔提供教育支持；二是因为美国有专门培养特殊教育教师的机制（特兰克教授已获得特殊教育教师资格证书），从行为干预、心理咨询到学科教学均由专业人士执教；三是因为美国的中小学容易低价甚至无偿聘请到助教，在美国，一个大学毕业生如果想做教师，就必须到中小学实习一年，这增加了教师数量；四是因为美国的中小学班额小，分组教学和辅导更容易实现，也能够保证教学质量。

我们的小学里也有许多问题学生，他们大都随班就读。由于我们缺乏上述美国学校的条件，这些学生只能随大班走，越走越差，到了中学，掉队的就不只是一个两个，而是一大片！

应该说，北京的特殊儿童教育做得还是非常不错的，政府为我们学校配备了三个资源教室，每年给予一定的经费、教师工资补贴。目前，我们有十几个特殊儿童在资源教室上课。但是其他地区呢？我们还有很长的路要走。

走过毕业季

在中国科学院大学的礼堂里，玉泉小学六年级三百多个孩子和陪伴他们的家长，一起完成 2014 年毕业季的最后一门课程——毕业典礼。

2013 年我们也为六年级毕业生设计了一个很好的毕业典礼，安排在学校操场上举行，但是典礼刚刚开始，天公不作美，下起了雨，把孩子和家长们赶进了教室，给大家留下了遗憾。为了不再留下遗憾，2014 年我们选择在中国科学院大学的礼堂里举行毕业典礼，并且专门制作了玉泉学子毕业礼服，一展孩子们的风采。

我穿上同款毕业礼服，与走上台来的每一个孩子握手，亲切地叫一声他们的名字，说一句叮嘱的话，把毕业证书一一发到他们手中。当我看到一张张激动的小脸，倾听鲜花盛开的声音时，我知道那是成长的、拔节的力量在每一个孩子的心中悄然激荡。

为什么一定要举办一个让孩子们难以忘怀的毕业典礼呢？毕业典礼是一个重要的仪式，可以让孩子们明白童年已经结束，自己即将走进中学，走向更高的人生目标。同时，母校最后留给他们的一定是毕业典礼上那些美好的、值得珍藏的记忆，将来他们不论走到哪里，走得多远，都会深深地眷恋母校、老师以及童年的一切美丽印记。只有知道感恩和眷恋的人，才会拥有幸福的人生。

其实，玉泉小学的毕业季从春季开学后就开始了，我们称之为“离校课程”，包括六年级学生为学弟学妹做出榜样、组织一系列校园实践活动、心愿瓶寄存、编辑一本《12 岁的天空》，以及讨论为母校留下什么等。

我们需要提供给孩子的仅仅是课堂上的那点儿东西吗？对成长中的孩子来说，那是远远不够的呀！

离校课程呈现了一种生长方式，可以让孩子们的情感变得更加丰富，社会性发展变得更加全面，最终让孩子们成为全面发展的人。

三 孩子是国家的明天

有一年到新加坡访问，路过一所小学，我不自觉地拐弯走向校门，想看看人家的校园。距离校门还有大约 50 米时，突然从门卫室里走出一位全副武装的女警卫，她拔出手枪，指着我大声喊："Please halt! Don't approach the school!（请止步，不要靠近学校！）"

我一愣，立刻停下来，望着女警卫脸上凝重的表情，只好乖乖转身离开。

新加坡的学校，真安全！

我想到了我们的学校。为什么我们的学校老出安全事故？那些罪犯为什么偏偏伤害孩子？有人回答说："政府机关戒备森严，其他权力部门和单位也是重兵把守，只有学校没有人管，里面只有几个文弱教师，出了安全事故还能引起轰动，不伤害孩子，还能伤害谁？"

每天放学时，玉泉小学的门口就像在进行一场战斗，人车混行，拥挤不堪，十分危险。可以说，每所学校的门口天天都在上演惊险剧！

杭州学校爆炸案发生后，政府部门相当重视，开会、发文要求把学校周边的环境治理好。按照上级要求，经与物业管理部门协商，我们购买了护栏，把社会车辆挡在了学校门外。

这段时间放学时学校门口很顺畅，孩子们也安全了，家长们连连称赞。但问题来了：附近居民打电话给城管部门，说学校侵占了道路。

有一天下午，城管执法部门来了三个人，要求学校将护栏拆掉。

我们弄不明白：城管执法部门是国家的执法机关，究竟是为谁服务的？是为那一个举报者，还是为全校近两千个孩子？我们争论了半天，说了不少好话，最终达成共识，他们留下执法单子走了，打算第二天再做处理。

我忽然明白了学校为什么老出安全事故——因为我们还没有真正把孩子当作国家的明天。

一个国家如果不把孩子当成最重要的财富和希望，这个国家就不会有财富和希望。

我又想起了新加坡小学门前发生的那一幕——这个国家真的把孩子当成了最重要的财富和希望！

三

让孩子们优雅地用餐

在我曾经工作过的山东的学校里，有两所学校配备了食堂。创建食堂的初衷，是解决家长的难题。出于某些方面的考虑，学校顾不上孩子的个性化需求，一律实行配餐制。近两千名学生同时就餐，黑压压一片，乱嚷嚷一厅，在负责生活的老师的监督下，孩子们像打仗一样胡乱吃一顿饭。

参访芬兰赫尔辛基的一所学校时，我受到校长的邀请，上午的交流结束后到学校食堂就餐。当我们走进食堂时，发现已经有十几个学生在用餐。他们与老师、校长一样，在同一个自助餐柜前排队，根据个人爱好，自己动手，自主选取食物。

学生用餐后将盘子、叉子、勺子放到固定位置，之后悄悄离开。接着，又有一批学生走了进来……不论谁进来用餐，都是温文尔雅，低声细语，他们把用餐变成了交流和互动的机会。

我忽然想到了我们的学校，好羡慕人家芬兰的孩子，小小年纪就非常有尊严地坐在豪华而洁净的餐厅里，跟成人一样优雅地用餐！可我们的孩子呢，从小学到高中，都是被赶着急匆匆地吃饭。这分明只是填饱肚子，哪里是优雅地用餐？

我曾参观过一所高中的食堂，那里没有餐桌，孩子们都是胡乱地蹲在地上吃饭，吃的饭也是五花八门，有好有差。我观察了一下，一般是吃同一价格饭菜的孩子聚在一起。我慨叹：在这样的环境中长大的孩子，哪有尊严可言？

当然，芬兰与我们最大的区别在于，学生和老师的早餐、午餐以及下午的点心都是政府按照同一标准免费提供的，同时政府还提供了充足的厨师和良好的就餐硬件设备。由于师生无论何时就餐，都能吃到同一标准的饭菜，所以他们可以根据课时情况，从 11 点一直到 13 点自由地、慢慢地用餐（学校也不用建设偌大的餐厅）。而我们的学校课时安排是统一的，所有学生同时下课，上千人一起就餐，硬件设施又跟不上，老师急，学生也急，大家着急忙慌的，很难优雅起来。

就餐也是一种课程，也有教育价值。如果我们在孩子小时候就贬低他，他就很难建立起尊严感，从而慢慢剥夺了他作为一位公民的尊严！

童心未泯

我到一所名校参加一场活动，学校为了烘托主题，现场邀请了几名小学生参加。看得出来，这所学校的学生不仅知识面广，思维能力强，而且发言都散发出哲学家的韵味。那种成人般的思想与话语赢得了现场校长们的一阵阵掌声。

而我忽然觉得，这些十一二岁的孩子是不是过早地长大成人了？那些应该在成人社会才会出现的东西，是不是过早地出现在了这些孩子身上？

工作这么多年，我发现了一个普遍的规律：那些童心未泯的人，往往会拥有幸福的人生，因为他们像孩子般心地单纯、交往简单、思考简捷、生活简约，所以感受幸福的能力很强；而那些故作高深、交往复杂的哲学家似的人，往往像契诃夫笔下“装在套子里的人”，生活得太辛苦、太劳累、太内敛、太深沉，反而感受不到生活的幸福和人生的乐趣。

教育的终极目标，是培养幸福的人。所以，让孩子们拥有本真的童年、本色的童心、本然的童趣，直至终生童心未泯，拥有幸福的人生，这该是多么有价值的教育！

我们在校园里建设了一条童话走廊，童话的世界能引导孩子们产生阅读童话的兴趣；我们设计了童话主题阅读图书馆，让低年级的孩子从阅读童话开始；我们建设了一个“动物之家”，让孩子们与小兔、小鸭、小鸟密切接触……这一切，就是想让孩子们存留一份童年、童心和童趣。

学校的一切活动都应该以孩子的童心为出发点，而不要试图培养什么小大人。就让孩子们说童年的话语吧，就让孩子们玩童年的游戏吧，就让孩子们唱童年的歌谣吧，就让孩子们上演童年的话剧吧……让孩子们过上真正属于童年的教育生活吧！

孩子们，希望你们永远童心未泯！

三

孩子，你好

几场春雨让北京的天空变得湛蓝，空气十分清新。早上我站在学校门口，享受着北京少有的爽朗天气，感受着春天的惬意和美好。

一群孩子走向学校，向我鞠躬问好："高峰校长好！"我回复："你们好！"

我每周一的早上在三里校区，每周二的早上在五里校区，每周三的早上在玉阜校区，每周四的早上在中科院校区，每周都能够与全校的每一个孩子互致问候。

周而复始，六年轮回，看着孩子们慢慢长大，就像迎接春天一样惬意而美好。这是从事其他任何职业都无法感受和体会的幸福。

你看，迎面走来的一年级小朋友中，经常有小男孩牵着小女孩的手；而到了三年级，孩子们一般不会撒腿就跑，男孩和女孩更不会牵手了；到了五年级，孩子们已经开始关注自己的外貌和衣着，有些早上起来还要照照镜子，整理整理凌乱的头发——这在以前是没有的事；再一转眼，在六年级的毕业典礼上，很多孩子哭成泪人，在心爱的小本子上写上几句话送给要好的同学。

是的，我站在学校门口，从一年级看到六年级，一天天看着孩子们就这样慢慢长大了。

有一次，我们全校的孩子到北京市十一学校开展远足活动，我被分配到三年级（1）班做助理，跟随孩子们前进。我跟在队伍后面又不放心，就赶到玉泉路地铁口，看着长长的队伍鱼贯而过。看到一个二年级的孩子背着大大的书包，我问他："累不累？"他说："不累。"我和他的班主任老师相视一笑：只要不是在学校上课，走再远的路孩子们恐怕也不会累！

我还开展了一项"校长请你喝咖啡"活动，邀请部分学生中午到我的办公室一起喝咖啡，拉家常，谈自己的生活和感受。

为什么设置这么多活动课程？我的理由是：只有不断制造关键事件，才能让孩子们永远记住母校。

如果孩子们忘记了母校，忘记了老师，忘记了曾经的那些岁月，甚至对母校十分反感和厌恶，那么，我们就彻底把学校办垮了——虽然它还是一所学校的模样！

一所伟大的学校是这样的：从学校走出去的每一个孩子，不论地位有多高，成就有多大，每当经过母校门口的时候，总是怀着深厚的敬意！

三

人是靠两个轮子驱动的

前些天，我的高中同学——一位军官问了我一个问题："我们招了一位博士，他为什么不中用？"原来，他们部队根据需要招录了一位数学博士。该博士曾以高分考入某著名985大学，大学毕业后又被推荐到了北京一所著名的大学读硕士，接着考到某著名科学院，师从某位知名数学教授读博士。可以说该博士"学术出身绝对纯正"，但是他连基本的做人原则都没有，无法与人相处，处事方式也很难被人接受。到部队工作了一年多，他没办法待下去了，只好转业到地方某党校。后来党校的领导打电话找我这位同学："首长，您给我们送了个什么人哪？"

我回答说："这是一个典型的书呆子——他的知识系统没有问题，但是他的情感系统出了问题。"

我们发现，同一所大学、同一个专业的学生，都学成毕业，走向社会，但是二十年后他们的人生之路差别可能很大。接受了同样的教育，拥有一样的知识存量，为什么会出现不一样的结果？是情感系统的不同，造成了他们人生的巨大差异。

其实，人是靠两个轮子驱动的，一个是情商，指人的意志、品格、心理、思维方式和社会性等；一个是智商，指人的学业、专业、学术背景等。只有两个轮子一起转，你才能顺利前行；任何一个轮子出现问题，都会制约你的发展。

我曾听过一个真实的故事。一个没有考上普通高中的男孩读了北京市黄庄职业高中。他喜欢画画，也喜欢动手，就学了服装设计与工艺专业。毕业后他从学徒做起，经过十年打拼，现在已是北京某知名服饰品牌的老总。

这说明，即使一个人的智商轮子出了问题，也并不一定会影响他的发展。然而，如果一个人的情商轮子出了问题，就像那位博士，那么知识再多也“不中用”！

如今，很多中小学仍然将知识作为主要的追求目标，忽视了对学生情感的培养。

玉泉小学提出“德如玉，智如泉”的培养目标，确定了 20 个情感要素，并围绕这 20 个情感要素建构起与之匹配的课程体系。我们设计的适性课程，就是要完成学校根据这 20 个情感要素确定的 20 个情感发展目标。譬如，我们的年度教育主题分别是信用、尊重、责任、公平、爱心和首都公民精神。让每一个孩子在小学六年里完成六个重要的主题教育，就是要为他们锻造一个坚实、耐用的情商轮子。

三

孩子是父母的一面镜子

苏霍姆林斯基曾告诫我们，假如儿童在家里没有受到情感教育，他就不可能用心灵认识世界和接受老师的话。

刚开始上学时，孩子之间的差距就已经存在。几乎所有教育专家都坦承，现在的孩子智力差异并不大，造成孩子千差万别的是非智力因素。追根溯源，我们应好好反思中国父母的教育方式。

请看麦倜《亲亲那个姐姐》中一位澳大利亚母亲的故事。

这件事情发生在澳大利亚一个岛上的度假村里，那时我在那里担任翻译。

有一天，我在大厅里看见一个满脸歉意的工作人员正在安慰一个大约 4 岁的孩子，受到惊吓的孩子已经哭得筋疲力尽。问明原因后我才知道，原来那天孩子特别多，这个工作人员一时疏忽，在儿童网球课结束后少算了一个孩子，将这个孩子留在了网球场上。

等她发现人数不对时，才匆忙跑到网球场上将那个孩子带了回来。孩子因为一个人在偏远的网球场上等了半天，受到惊吓，哭得十分伤心。

不久，孩子的妈妈来了，看见了哭得惨兮兮的孩子。

那个妈妈蹲下来安慰自己的孩子，并且很理性地告诉他："已经没事了，那个姐姐因为找不到你而非常紧张，并且十分难过，她不是故意的，现在你亲亲那个姐姐的脸颊，安慰她一下。"

那个大约 4 岁的孩子踮起脚尖，亲了亲蹲在他身旁的工作人员的脸颊，并且轻轻地告诉她："不要害怕，已经没事了。"

如果是中国的妈妈，我敢说，她很可能不是把那个工作人员臭骂一顿，就是直接向主管提出抗议，或是很生气地将小孩带走，再也不参加那里的儿童俱乐部了。

扪心自问，做妈妈的你会不会这样做？

所以，当你的孩子任性、自私、小心眼、斤斤计较时，不要怪罪孩子。只有像澳大利亚的这位妈妈一样，你才能培养出宽容、体贴的孩子。

再看加拿大人帕金斯《这是儿子的鱼》中一位父亲的故事。

我环顾周围的钓鱼者，一对父子引起了我的注意。儿子 14 岁左右，穿着高筒橡胶防水靴站在寒冷的河水里。突然，男孩的钓竿猛地一沉，差一点儿把他整个人拖倒，卷线轴飞快地转动，一瞬间渔线被拉出很远。

男孩冷静地和鲑鱼进行着拉锯战，但是强大的水流加上大鱼有力的挣扎，男孩渐渐被拉到了布满旋涡的下游深水区的边缘。我知道，一旦鲑鱼到达深水区，就可以轻而易举地逃脱了。孩子的父亲虽然早把自己的钓竿插在一旁，但始终一言不发，只是站在原地关注着儿子的一举一动。

一次、两次、三次，男孩试着收线，但每次都不成功。鲑鱼猛地向下游蹿去，显然在尽全力向深水区靠拢。15 分钟过去了，孩子开始支持不住了。即使站在远处，我也可以看到他发抖的双臂正使出最后的力气奋力抓紧钓竿。冰冷的河水马上就要漫过高筒防水靴的边缘。鲑鱼离深水区越来越近了，钓竿不停地左右扭动。突然，孩子不见了！

一秒钟后，男孩从河里冒出头来，冻得发紫的双手仍然紧紧抓住钓竿不放。他用力甩掉脸上的水，一声不吭，又开始收线。保罗抓起渔网向那个孩子走去。

“不要！”男孩的父亲对保罗说，“不要帮他，如果他需要我们的帮助，他会提出来的。”

保罗点点头，站在河岸上，手里拿着渔网。

不远处的河对岸是一片茂密的灌木丛，有一半没在水中。这时候鲑鱼突然改变方向，径直蹿入那片灌木丛里。我们都预备着听到渔线崩断时刺耳的响声。然而，说时迟那时快，男孩往前一扑，紧跟着钻进了茂密的灌木丛里。

我们三个大人都呆住了，男孩的父亲高声叫着儿子的名字，但他的声音被淹没在河水的怒吼声中。保罗涉水到达对岸，示意我们鲑鱼被逮住了。他把枯树枝拨向一边，男孩紧抱着来之不易的鲑鱼从树丛里倒着退出来，努力保持着平衡。

> 他瘦小的身体由于寒冷和兴奋而战栗不已，双臂和前胸之间紧紧地夹着一条大约 14 公斤重的王鲑。男孩的父亲递给儿子一截绳子，等他把鱼绑结实后，弯腰把儿子抱上岸。男孩躺在泥地上大口喘着粗气，但目光一刻也没有离开自己的战利品。保罗随身携带着便携秤，出于好奇，他问孩子的父亲是否可以让他称称鲑鱼到底有多重。孩子的父亲毫不犹豫地说："请问我儿子吧，这是他的鱼！"

如果是中国的爸爸，我敢说，他极有可能不会这么干。中国的爸爸工作很忙，很少有闲暇时间带孩子去钓鱼或做其他户外活动。即使去，也小心翼翼，倍加呵护，总是担心孩子有个三长两短的。如果孩子遇到点儿小问题，一定会立刻帮助孩子解决。

扪心自问，做爸爸的你是不是这样的？

所以，当你的孩子胆怯、懦弱、没有主见时，不要怪罪孩子。只有像加拿大的这位父亲一样，你才能培养出勇敢、坚毅、刚强、敢于尝试的孩子。

父母是孩子的第一任老师，孩子是父母的一面镜子。当我们发现孩子身上的问题时，一定要先反省自己，改造自己，再引导孩子。

三

没有改变不了的孩子

一天下午，我到一位副校长的办公室去，发现老师、学生一堆人站在那里，神色紧张，气氛凝重。在班主任和助理班主任老师中间站着一个微胖的小男孩，他脸上写满了愤怒，正在气鼓鼓地抽泣，两个拳头攥得紧紧的，好像随时要打别人。

老师们说："校长，我们正一筹莫展，请您来处理吧。"

我知道这个二年级的孩子。据说，他的家长有暴力倾向，他自然受到影响。平时，他经常握着拳头攻击别的孩子，成了一个人人敬而远之的"暴君"。老师跟家长沟通，家长也拿他没办法。起先，这个孩子还惧怕老师，后来发展到攻击助理班主任，甚至攻击班主任老师。老师们束手无策，只好把他领到分管学生的副校长这里"解决问题"。

我来得正巧，刚好接了这个难踢的球。

当时我想，用一般的教育方法肯定解决不了问题，对这样的孩子，只能采取"以暴制暴"的办法。

我拉了一把椅子，微笑着坐到他的身边。他知道，校长是来"解决问题"的，当然没有好事。我还没有说话，小家伙突然跳起来，拉开架势，举起了拳头，把攻击的目标指向了我。

我一看时机到了，立马站起来，左手抓住他的右拳往桌子上按下去，同时右手拿起一把塑料格尺，朝着他的右手狠狠地"砸"去。格尺啪的一声断成了两半，同时我高声喊道："谁要是再和老师动手，我就剁掉他的手！"声音大得让走廊里的老师以为校长在打架，赶紧跑过来张望。

我要的就是这种效果。

当然，格尺故意"砸"偏了，没有打到孩子的手上，而是打到了桌子上，断为两截。他一看校长动了真格的，吓得马上将拳头缩了回去，同时可怜巴巴地哀求："校长，校长，我向您道歉，我错了！"

只要他能有觉悟，就能改变！

我说："我给你立下两条规矩：第一，平时你要把拳头打开，不准再握着拳头生活；第二，你要替我监督同学们，发现谁再动手打人马上告诉我。"他拖着哭腔说："好吧，校长。"

我接着说："今天的事情我给你保密，但我明天要到你们班里去检查，看看还有没有打人的，你要向我报告。"他点点头。看到他那个乖样子，班主任和助理班主任老师偷偷地笑了。

孩子走后，我对班主任老师说：“今天的效果不错，但需要强化。你们一是要召开班会，让孩子们讨论打人的坏处、攻击别人的弊端，营造和谐的班级气氛；二是盯紧这个孩子，一发现他有反复的迹象，就立即拿那两条规矩强化他的思想，改变他的行为；三是马上把今天的事情通报给家长，让家长在家继续强化。”

然后我们约谈了家长，告知他们家庭暴力对孩子的负面影响。我说：“必须停止家庭暴力。如果你们两口子实在憋不住要打架，请到外面去，不要当着孩子的面！”

几天过去了，其间这个孩子虽有反复，但只要班主任老师摆出那两条规矩，他就能改变。慢慢地，他动手打人的习惯基本上改掉了。

一天下午，我在走廊里碰到他，他老远就跟我打招呼。等他走过来，我轻轻地抚摸着他的脑袋，俯下身子小声说：“你表现得很好！你真棒！”

他笑了，笑得那么纯真、那么灿烂！

静听花开的声音

春天，来到了校园里。

校园周边是一圈高大的杨树和柳树，绿意浓浓。我站在操场上看一年级和五年级的小朋友做操。孩子们穿着绿蓝相间的校服，与周边的绿树互相映衬，一片葱茏，校园里充满了生机和活力。

一位一年级学生的家长给我写信，反映自己孩子的问题。他在信中说：“儿子比较调皮、好动，总喜欢招惹同学。上课不认真听讲，下课喜欢追跑打闹。做操时喜欢用手捅别人，铃声响了也不知道赶紧去站队，还喜欢跟班里的几个淘小子打打闹闹。知道了这些，我也很生气，耐心说教是经常的事，偶尔吓唬一下也有，但仍然经常收到班主任的负面反馈，甚是头疼，我作为家长已无计可施。”

家长讲的这些问题是什么大问题吗？这不是一个男孩子很正常的行为吗？只不过老师和家长像要求大人那样要求他，用成人的标准来衡量和评判他，所以感觉他出了问题。

实际上不是孩子出了问题，而是我们出了问题。

春节前夕，我到我们老校长的家里拜访。老校长拿出一张 1962 年玉泉小学第一届毕业生的合影，指着照片最后一排边上的一个小男孩说：“瞧，这个皮小子上学的时候什么‘坏事’都有他的份儿，但是老师总抓不着他。”老校长说的这个男孩，现在是中国人民解放军的一位上将。老校长感慨道：“我们还有一个学生叫马华，她曾是风靡全国的健美专家，可惜得病去世了。在学校时她有一个绰号，叫‘疯丫头’。你们看，很多调皮的孩子，将来没准很有出息！”

初冬，校园周边的树木纷纷凋零，保洁员刘师傅每天早上都捡拾树叶。我为这些树叶感到惋惜，刘师傅却笑着对我说：“一岁一枯荣啊！”可不是，清明节一到，树木还不是又抽出了新芽！

让我们耐心一点儿，静听花开的声音。

三

入校课程

每年 9 月 1 日，不论艳阳高照还是秋雨绵绵，中国的每所小学都会迎来一年级的新生。

这些六七岁的孩子离开家庭，离开父母，面对新的环境、新的老师、新的伙伴、新的生活，既有渴望与向往，同时又有些茫然和不知所措——没有安全感。每年的这个时候，我都会认真地观察孩子们的行为。

2014 年开学第一天，我们专门为一年级的孩子设计了入校课程。学校为小朋友们铺上红地毯，让他们自己走进校园。笑容可掬的老师站在学校门口，为每一个孩子戴上一朵“幸福花”，说一句欢迎和鼓励的话。然后，进入校园的这些孩子由六年级的大哥哥、大姐姐牵着走进教室，班主任老师在教室里迎候。到了教室里，孩子们要品尝我们的“幸福甜饼”，感受学校的味道……我们还给每个孩子发一本“成长护照”。开学后第一周先不上课，而是让孩子们熟悉校园环境、老师和同学。其中有一个环节是让孩子们到图书馆、医疗室、保安室、校长室、老师办公室等部门参观，每参观完一个部门，他们的“护照”上就会盖上一枚“海关”印章。

为什么我们要为一年级的孩子设计这样一门入校课程?

首先，是出于心理学方面的考量。六七岁的孩子尚处在对家庭的依恋期，让孩子将对父母的依恋迁移到老师身上是教育生活的开始。如果没有这样的入校课程，就很难让孩子感受到老师的亲切和校园的可爱。假如老师一上来就对孩子严厉批评，孩子就会感觉学校是一个恐怖的地方，就会失去安全感，不再喜欢待在学校里。

其次，是出于教育学方面的考量。孩子在家长和社会的暗示下，知道要走进校园过学习生活。孩子满怀期待和向往来到学校，如果我们一开学就上课，写作业，讲纪律，提要求，而没有给他们一个过渡期，他们就很难适应。或者说，如果我们一开学就让孩子品尝到失败的滋味，这样，教育尚未开始，就已经结束了——因为孩子将不喜欢校园，不喜欢老师。在孩子们的学习道路上建设一座长长的引桥，让他们顺利登上学习生活这座桥，这是十分必要的。

再次，是出于社会学方面的考量。人类精神世界的发展依赖两种深层次的内心感觉：一是安全感，二是归属感。前者与恐惧（死亡、伤害、痛苦）有关，后者与孤独（依恋、隔离、无助）有关。开设入校课程，其实就是想让孩子一进入校园就拥有安全感，如体会校园里融洽的气氛、熟悉和蔼可亲的老师等，还想让他们尽快找到归属感，如接受高年级同学的帮助、整理自己的教室、参观校园、认识老师和同学等。

最后，是出于管理学方面的考量。学校设计这样一门入校课程，对老师提出了更高的要求。在开设这门课程前，开学后老师们一般是按部就班地上课。在开设这门课程后，老师们需要研究儿童的特点，改变自己，主动拉近与孩子的距离。这样的改变有利于教师的专业发展。

帮助一年级的孩子尽快融入校园生活，让他们找到安全感和归属感，这就是入校课程的本质。

三

善待每一个孩子

冬日的一天，我在校长办公室里上课，与“小作家班”的孩子们交流上次的练笔作文《玉泉的秋天》。

我要求每个孩子朗读自己的作品，其他孩子认真倾听并评论。就像在教室里经常看到的那样，首先举起手的是女孩子；轮流朗读，也是女孩子的表现更加出彩：她们写得好，朗读得也好，表达得更好……之后，就开始冷场了，因为轮到四个男孩子了。

这个推那个，那个推另一个，四个小家伙都不想朗读。其中一个男孩子想出了个歪主意——让别人朗读自己的作品，随即把自己的作品摊到别人面前。而这个别人，扭捏了一阵，刚要朗读，不知为什么又将作品推了回去。忙了大半天，等了大半天，课程进行不下去了。

这时，老师们通常会有两种处理办法：一种是绕过去，不让他们朗读了，让他们回去自己读；另一种是批评一通、挖苦一阵，或者罚站等。

男孩子为什么会有这样的表现？我分析了一下原因：到了五年级，由于生理和心理发展水平不同，男孩子和女孩子已经出现了明显的差异，在学习和生活中，大部分女孩子的表现明显优于大部分男孩子。你看，成绩优秀、表现突出的往往是女孩子，出头露面、占尽机会的往往也是女孩子。男孩子心智发展慢半拍，又比较调皮、好动、爱惹事，所以挨老师、家长的批评多，久而久之，就成了“弱势群体”，再也不愿、再也不敢大胆表现，于是就出现了这堂课上的冷场局面。

我把一个男孩子的作品要过来，说：“我来替你读。”于是我朗读起来，读到好的段落和句子马上就表扬，还用红笔在本子上圈圈画画。我用余光扫了一眼，看到那个男孩子脸上写满了得意。这时，我举起相机说：“我要为每一位同学拍一张读书时的相片。”然后，我把本子退给他，他忽地站起来，大声地、声情并茂地朗读起来。

第二个男孩子我也如此对待……原来，不是男孩子不会表演，而是我们没有给他们搭建一个合适的舞台！

每个人都是不一样的，男孩子和女孩子也是不一样的，这个班和那个班也不尽相同。只有真正尊重孩子之间的差异，为每一个孩子搭建一个舞台，教育才会发生，也才有可能成功。

让我们善待每一个孩子！

三

少年的那个午间时光

那个中午相当闷热，在毒日的照射下，树枝低垂着，蝉儿们使劲在树上鼓噪，整个村子里除了一片蝉声，再没有其他动静，有些寂寞、无趣。

邻居家的五大爷在自家门口的树荫下喝茶。虽然茶水还冒着热气，但他已眯着眼睛打起了瞌睡，拿在手里的芭蕉扇偶尔摇晃一下，驱赶着烦人的苍蝇。少年蹑手蹑脚地从五大爷的身边走过，回过头来好奇地望了他一眼，龇着牙做了个鬼脸。一个叫华的小伙伴从一个巷子里走出来，跟在少年的后面，两个人直奔村子外面而去。

村后的岭顶上太阳正毒辣地直射着。此时，两个少年的肩头各立着一只年幼的喜鹊。随着少年们身子的摇晃，喜鹊也不停地展翅抖动。年幼的喜鹊长着蜡黄的嘴巴，裸露着肉色的皮肤，其实并不美观，但少年喜欢。这是他们历经艰辛爬上树从喜鹊窝里掏出来的。

他们赤着脚，小心翼翼地在炙热的草地上慢慢行走。两个少年一前一后，弓着腰，从远处望去就像两个奇怪的影子淹没在风吹来的热浪中。突然，一颗蒺藜扎进了少年的脚板，他并没有停下来将蒺藜拔掉，而是将脚慢慢地前后移动，将那颗讨厌的蒺藜抹掉了。

他们顺着田埂走，同时盯着草丛，很快就捕捉到了目标——那是一只马蛇子（蜥蜴），它正在一棵蒲公英下鼓着肚皮喘气。马蛇子有四只脚，拖着一条尾巴，爬行速度很快。据说马蛇子是蛇的舅舅，尽干坏事，十分可恶。少年一把就捉住了马蛇子的尾巴——必须捉住靠近躯干的部位，否则马蛇子就会“扔掉”一段尾巴逃之夭夭。“捉住了！”两个少年同时喊道，眼睛里放射出快乐的光芒。汗水已经浸透了少年的汗衫，他们的头发也是一绺一绺的，但这些都不能阻挡少年的热情。

只见少年拎起马蛇子，在喜鹊面前一晃，喜鹊张开蜡黄的大嘴，啊呜一口，那只马蛇子就钻进喜鹊的肚子里去了！

这个少年就是我。

一年暑期组织党员教师到山东沂蒙山做一个活动，中午下山时，我坐在车上看到两个农村少年正沿着路边一前一后地行走，他们窃窃私语，正在“合谋”着什么事。我马上猜到了他们的把戏，并想到了自己当年那个悠长而有趣的午间时光。

前几天的一个中午，我走进教学楼，看到两个男孩正停留在楼道中摆放各类手工作品的橱窗前面，一边摆弄一边窃窃私语，似乎在“合谋”着什么事。我没有惊动他们，而是装作没有看见，悄悄地走了过去。我知道，他们也许正在编织一个梦，我怎么能随意破坏孩子们的梦！

三

牵挂和被牵挂都是一种幸福

有一次，我去广州和深圳参访了六所学校，参加了两天会议，回到北京已是凌晨 1 点了。第二天上午到学校参加校会，G 老师对我说：“校长，好像很长时间没有见到您了。”碰到 L 老师，她说：“女儿昨天问我：‘今天校长在本校还是在分校？想跟校长打招呼了！’”

是啊，我很久没有站在学校门口数星星（学生）了，老师和孩子们开始挂念我了。

被人牵挂是一件很幸福的事。

有一次，我把所有管理干部和级部主任都带到了广州和深圳，一天参观、考察了四所学校，把他们累得不轻，晚上吃饭时都 10 点了。之后我们听了两天的讲座，被灌了个脑袋满满，回到北京时也是凌晨 1 点了。大家临走的那天，我对全体教师说：“这个星期五所有管理干部都不在家，是无管理日，希望大家做好自己的工作。”一起外出的其他学校的校长对我说：“您真胆大，把干部全部带出来，万一出了事怎么办？”我说：“我相信我们的老师，因为他们是最棒的！”

在外考察时，我也牵挂老师和孩子们：学校有没有小朋友发生擦伤事故？老师和孩子们午餐吃得怎么样？学校有没有哪位老师病了？动过手术的 C 老师是否痊愈了？“小作家班”的孩子选修课是怎么度过的……各种牵挂常常涌上心头。

外面的世界再精彩，风景再优美，我的心还是留在校园里。牵挂是一种淡淡的思绪。

无论是被老师和孩子们牵挂，还是牵挂老师和孩子们，对校长而言都是一种幸福！

三

为什么是一年级和五年级

许多来我校参访的校长到分校参观时，都会问我这样一个问题：“一般来说，学校如果有分校，都会把高年级或低年级学生集中放到一起。你们为什么把一年级和五年级学生放在分校？”

我刚来玉泉小学的时候，也是五、六年级的学生被安排在分校。为什么改为把一年级和五年级学生放在一起？主要是从教育学的角度考虑的。

一是有利于传承良好的校风。一所学校良好的学风和校风是依靠一级一级的学生传承的。这对高年级学生的校园行为提出了更高的要求。我们在开学典礼上总是强调高年级学生的“传、帮、带”作用，让高年级学生为低年级学生做示范。这既能培养高年级学生的自律性，又可以对低年级学生起到指导作用。

二是有利于开发、利用学生自身的教育资源。在校园中，有些社会性工作，低年级学生是做不了的，这时候就要让高年级学生帮忙。这既可以促进高年级学生的社会性发展，又可以让低年级学生感受到人情温暖。我们的外出远足、升旗等活动，就是让高年级学生帮助低年级学生。一年级学生的课间操学得特别快，不是老师教的，而是向身边的哥哥、姐姐学的。这正是利用了小朋友模仿能力特别强而理解能力还比较弱的特点。从开学到现在，分校做操都是一年级与五年级的学生间隔排列，五年级的大哥哥、大姐姐做出了很好的示范。

三是有利于老师更好地关注一年级学生。一年级的学生才六岁多，还不适应学校生活，在学校里没有安全感，不熟悉学校的规矩，在很多方面需要关照和提醒。因为一年级和五年级的学生年龄相差比较大，因此对散落在校园里的一年级学生老师更容易分辨，能更好地保护他们。上学、放学、集会、就餐、做操、上下楼梯等的时候，都是五年级的学生让着一年级的学生。

四是能有效防止同伴欺负现象的发生。校园如同小社会，因此免不了同伴欺负现象的发生。这种现象不可能根除，但是可以想办法尽量避免。假如一、二年级的学生在一起，发生这种现象的概率就会大大增加。而一年级和五年级的学生在一起，就可以在很大程度上避免这种现象的发生。如果一个五年级的学生去欺负一个一年级的学生，连他自己都会觉得不好意思，甚至会受到同学们的耻笑。我在分校已经观察到了这一点：五年级的学生都很自觉地像哥哥、姐姐那样对待一年级的小同学。

孩子来学校不仅仅是上课，还要交朋友，交换新闻，交流经验，分享观点，在同学中找到自己的位置，习得社会角色和经验……最终，慢慢长大成人。

三

为什么要开设“男孩女孩课”

在北京的地铁里，一个二十多岁的女孩正站着玩手机，旁边有一个男人在摸她的大腿，她奇怪地看了这个男人一眼，没有任何其他反应，继续玩她的手机。过了一会儿，这个男人又去摸她的大腿根，她又奇怪地看了他一眼，仍没有任何其他反应，继续玩手机。这一幕被网友录下之后放到了网上。

遭遇这样典型的性骚扰，这个女孩为什么懵懵懂懂不知道保护自己呢？我想，这源于她的无知。因为学校往往只教孩子好好听课、认真写作业、考试、读书等学习技能，而没有告诉他们如何做好自我保护，于是像她这样的傻女孩常常成为受害者——上当、受骗，甚至被谋害，让我们看了十分心痛。

专家将这种现象归罪于社会环境的恶化，我则认为学校存在一定的过错——学校严重缺乏让孩子了解社会真相的课程，或者说没有这样的课程。

玉泉小学从五年级开始开设“男孩女孩课”，让孩子们在合适的年龄知道自己的生理特点和如何做好自我保护。

根据我们的调查，小学五年级女孩大约60%已经有例假。此时孩子们的生理和心理都进入十分重要的发展期，她们应该知道基本的生理健康知识，应该知道如何应对外界的骚扰，应该知道如何保护自己。而此时男孩也开始进入少年期，他们通过网络、电视等接受了一些零零碎碎的甚至不健康的性知识，形成了一些模模糊糊的生理认知，迫切需要了解正确、健康的生理常识。同时，我们还要让男孩也了解女孩的生理特点，教会他们如何尊重女孩，让他们知道他们作为一个男人的道德和法律底线等。于是，我们在周二和周五的公共选修课时间专门设置了适性课程——“男孩女孩课”，将两个班作为一个教学单位，即把两个班的男孩和女孩分别组成班级，讲授和讨论不同的健康知识。

教育必须尊重人的发展规律。怎样做才是尊重人的发展规律？就是让人在适当的年龄学习他们应该学习的知识，经历他们应该经历的东西。如果人在关键时期没有学到这些知识，没有经历这些东西，没有形成经验，那么他的发展就会受到限制。

为孩子们开设“男孩女孩课”，从某种意义上说，比教他们考试考一百分要重要得多！

三

请原谅这样的“私心”

我始终认为，教育是一种大爱，老师对待学生应该都是一样的感情和用心，不能厚此薄彼、存有私心。

还在山东的学校时，有一次组织孩子们远足，走到一所中学校园时，已经是中午 12 点多了。此时，所有的孩子都饿了。等到全体学生坐到食堂里吃包子时，大家已经“忍无可忍”了。分发了一遍后，我们发现从自己食堂带来的包子不够，于是向中学食堂借了三百个包子。班主任老师都抢着给自己班里的孩子拿包子，尽管自己饿着肚子，但看着班里孩子的吃相，听着他们此起彼伏狼吞虎咽的声音，满意地笑了。当时我想：瞧瞧，为了自己班里的孩子能吃上包子，班主任各顾各，没有大爱！所以，有时在校园里看到老师光顾着自己的班，我就有些失望。

然而，我想我错了，因为我是站在校长的角度看这些问题的。直到有一天过体育节时，我才发现我的心中也有这样的“私心”。

体育节那天，有一个项目是班与班之间的拔河比赛。作为一个“闲人”，我在孩子们中间随意走走看看。等到六年级比赛时，我不自觉地跑到了（7）班和（8）班的队伍旁边，很希望我上课的这两个班的孩子能够赢，甚至想上去帮他们一把！然而，每个班的孩子都是我的学生，我有什么理由厚此薄彼呢？于是我非常平静地看着这两个班最终都失败了，同时我也理解了老师的“私心”。

所谓大爱，往往是相对的。如何爱一个孩子？如何爱一个班级？如何爱一所学校？如何爱一座城市？如何爱我们的祖国？如何爱世界上所有的人以及动物？……

请谅解老师的“私心”！

三

向校长泼水的泉水节

按照北京市的规定，7 月 11 日是学校放假的日子。这一天，全校孩子返校参加结业式。为了庆贺这个不平凡的学年顺利、圆满地结束，我们开设了泉水节课程。这一天，整个校园变成了五颜六色的“海滩”：你看，孩子们穿着泳装，披着雨披，穿着雨衣，还有光着膀子的……参加活动的 1600 个孩子（有些孩子身体不适，在一旁观看）端着水盆或扛着水枪，全都准备就绪。

我也穿上雨披，端着满满一盆水，站在“珠联璧合”台上。几十个孩子和老师围拢着我，呈半圆形。他们端着水盆，拿着水枪，“虎视眈眈”地看着我，等待我宣布开始。

我说：“我们全体师生经过了一个学年的工作和学习，取得了非凡的成绩。让我们用泼水的方式庆贺这个学年顺利结束，洗掉灰尘，重新上路！”然后，我把水泼向老师和孩子们，还没有泼完，我就已经被“倾盆大雨”浇得十分狼狈。顿时，整个校园变成了一场吵吵闹闹、大呼小叫的海滩舞台剧。

我穿过校园里的人群，不断地从水桶里取水泼向老师和孩子们，前面也不断有人用水“攻击”我，同时我感到后背不知被多少支水枪的水柱“击中”。我冲出重围，像落汤鸡一样回到了办公室，全身上下湿透了，雨披没有起到任何作用。

我换了一身衣服，出来从二楼窗户往外一看，好家伙，整个校园里到处都是互相追逐、泼水尖叫的孩子。

是的，我们应该用这样一种方式来庆贺一下。

我们经历了一个不寻常的学年，这一学年，学校实行和推进课程“变轨”、教学“变脸”。这一学年，学校对国家课程进行校本化实施，开发了适合老师和学生实际情况的教学内容和方式，同时开发了适性课程，开设了十大好玩课程。教学改革与发展之路是崎岖而漫长的，一年走下来，老师和学生很忙碌，很辛苦，但也很充实，很幸福！

“玉”“泉”两个字，包含了丰富的文化内涵。我们的培养目标是“德如玉，智如泉”——德如玉蕴，智如泉涌。泉水节课程就是要让孩子们体验一下“泉”字的内涵，理解“泉”的形态、真谛和价值，并用泼水的方式为我们这一学年画上一个句号，为新的学年装载上新的希望和追求。

三

玉泉“幸福甜饼”

我们认识客观世界靠视觉、听觉、嗅觉、味觉和触觉。孩子们认识学校，也需要靠这“五觉”。看：校门、教室、走廊、门厅、操场等可视之物，它们的造型、色彩都进入了孩子们的眼睛里。听：老师的授课、同学间的交流、校园里的广播、音乐教室里的歌声等，所有声音都进入了孩子们的耳朵。闻：校舍的气味、操场的气味、教室里的气味、教学用具的气味，甚至老师、同学身上的气味，孩子们都能闻到。触摸：孩子们可以用身体接触校园里的一切物体……

但是，在学校教育中，孩子们的味觉常常没有用到。“学校究竟是什么味道的？”我问过好多孩子，他们都说不知道。

我想让孩子们品尝学校的味道。

开学前，在讨论工作计划时我提出了一个创意：制作玉泉小学的专属“幸福甜饼”，在六一儿童节到来的时候让孩子们品尝学校的味道！

六一儿童节马上就要到了，分管后勤的老师邀请了几家食品公司商谈，最后确定了一家公司。我们看了样品，然后设计包装，再反复修改，但到了快要给孩子们发甜饼时，这家公司突然说做不了了！

是发还是不发？其实今年不发也可以，但这样，六年级的孩子就体验不到母校的味道了。我还是希望梦想成真，让孩子们品尝到学校的味道。

后来，我委托潍坊市北海双语学校的食堂承接这项工作。因为在考察市场后我发现，最放心的还是学校食堂。于是，食堂的师傅们干了一个通宵，制作了两千份甜饼，第二天一早装车，一路开着空调来到了北京。下午我将甜饼发到每个孩子的手中。

遗憾的是，由于食堂只能烤出蛋糕，做不出饼，所以只能勉强称之为“甜饼”。甜是甜了，但还不是饼。然而，无论如何，我们让孩子们品尝到了学校幸福、香甜的滋味！

虽然这甜饼只是一块蛋糕，但是在孩子们的心目中，它就是学校的味道、教育的味道、幸福的味道、成长的味道！

三

做一个“萌”校长

2014 年最后一天，我们的欢乐新年节课程上演。我装扮成大白熊，挨个教室为孩子们发放新年礼物。我刚刚走到教室门口，孩子们看到我的这副装扮，又惊又喜："高峰校长好，萌萌哒！"

"萌萌哒"？我查了一下，"萌萌哒"多指诙谐地形容萌化形象，是孩子们常用的一种网络语言。

来到玉泉小学后，我在各种课程中为孩子们装扮过"萌豆先生"、魔鬼、北欧镇长、圣诞老人、大白熊等不同的"萌态"角色，每次都受到孩子们的喜爱和欢迎。这一下子拉近了我和孩子们之间的距离，让他们感觉到我是他们的一个大朋友，而不是一个让人望而生畏的校长。

在我"装萌"的一条微信后面，有位网友给我写了这样的留言："从小到大记住了很多老师，有两位小学老师我至今仍记得他们的音容笑貌，但没有一位能想起来的校长，他们的形象永远是神圣不可侵犯的、古板的、不苟言笑的，除了这些模糊的印象，其他实在想不起来。"

其实，校长本身也是一种课程资源。如果一位校长在孩子们心中只留下了古板的、不苟言笑的印象，那么校长这种课程资源在他那里就贬值了！

为什么校长一定要"装萌"？

我想，不仅是校长，所有小学老师都应该"萌萌哒"。因为小孩子很简单，亲其师，才信其道。如果让孩子们感觉你距离他们很远，高不可攀，他们还敢亲近你吗？如果孩子们都不敢亲近你，那么哪来"亲其师"一说？就更别谈"信其道"了。

小学阶段是人生的启蒙阶段，教师的人格、品德、行为、处事方式将会影响孩子的一生。如果我们不能给孩子以安全、爱心、温暖、情感，我们教书又有什么价值？做教师又有什么意义？而与孩子拉近距离的最好办法就是"装萌"——只有让孩子们觉得你和他们是"一伙儿的"，你才能走进他们的童话世界，从而发挥教师的引导作用，让他们的生命像花儿一样绽放。

我们敢于为了孩子舍弃名利吗

骆家辉在中国和美国都有极高的知名度，是目前为止极接地气的美国驻华大使。他是华人真正实现美国梦的成功范例。最近，《男士健康》杂志的客座主编林丹采访了骆家辉，骆家辉道出了辞去美国驻华大使一职的真正原因——为了孩子！

骆家辉说："这个决定是在 2013 年早春时做出的。在过去的几年中，我们从西雅图搬到华盛顿，再从华盛顿搬到北京，这可能会对孩子们的教育产生干扰。做出这个决定主要是考虑我们的大女儿，我们相信她在美国完成她余下的两年高中学业很重要。经过全家人的多次讨论，我们决定，我妻子和孩子在 2013 年夏天回西雅图，以便让女儿在美国念完高中的最后两年，儿子也在美国上高中。我们在西雅图有很多至亲好友，那时候我们就决定几个月后我就去与他们团聚。我们是一个大家庭，我已经与他们分开太久，我非常想念他们。"

每一个做家长的中国人，你会为了自己孩子的成长而放弃你的权力、财富、地位、生计和脸面吗？

我们极有可能不会。如果我们和骆家辉先生是熟人，可能还会批评他："骆先生，美国驻华大使是多么了不起的职务，你竟然为了小孩子上学就辞职不干了！真没出息！"

儿童是人类的未来。我们现在都梦想有一个美好的未来，但我们只是将未来挂在嘴上说说，却不会为了孩子的成长而放弃自己眼前的权力、财富、地位、生计和脸面。

你如何对待你的未来？

Ⅱ

认识儿童

三

你不跟他玩，他就不跟你玩

德国哲学家赫尔巴特曾经说过，无聊是教学的最大罪恶。

但直到今天，发生在校园里的“无聊”的事情仍有很多：早上，孩子在家长的“逼迫”下早早地起床，穿上校服，背上沉重的书包来到学校，然后听老师喋喋不休地讲课，读书、做题、考试……假如遭遇雾霾天气，一整天就只能待在教室里，连上室外体育课、做操的机会都没有了。不准说话，不得打闹，要规规矩矩，老老实实。好不容易挨到放学，又要上托管班、辅导班。我问过我们班上的孩子，一般一个孩子一周上两至四个辅导班，多的要上五到七个！

我曾经做过一个调查，让四年级的孩子家长早上问孩子：“假如今天你有两个选择，一是去学校参加一次考试，二是背上书包到公园走五公里，你愿意选择哪个？”结果95%的孩子选择去公园走五公里。孩子们不太喜欢学校，不太喜欢课堂，不太喜欢教育生活，是因为我们精心营造的教育生活对孩子们来说太无聊了！

其实孩子们很简单：你不跟他玩，他就不跟你玩。

这句话说的是我们实施的教育要符合儿童的特点，我们要开展游戏化教育教学；孩子们一旦厌倦教育生活，学校就难以对他施加影响。

游戏是处于发展过程中的儿童所特有的一种行为。游戏代表着儿童的自由、天真无邪、自然天性和潜在能力。教育家乌申斯基曾指出，注意游戏，研究这一丰富的源泉，组织游戏并使游戏成为强有力的教育手段——这是未来教育学的任务。

传统游戏中孩子随心所欲地玩耍，并没有被赋予教育学的意义和内涵。今天孩子来到学校要完成国家规定的学业任务，完成情感发展、身体发育以及人格、品行、社会性发展等教育任务，所以我们的游戏、我们的“玩”，一定要转化为游戏化的教育教学活动。

玉泉小学近两年在游戏化教育教学方面进行了有益的探索。一是对课堂教学过程的游戏化研究，例如，我们开发了“数学游戏”；二是对学校课程的游戏化实施，例如，以十大好玩课程为主体的系列游戏课程受到了孩子们的喜爱。

什么是幸福教育？就是孩子们老远看到学校时，不是愁眉苦脸，而是欢呼雀跃，笑着、跳着跑进校园，因为他们要去享受他们喜欢的教育生活！

三

我们的孩子为什么越来越没有教养

这天是开春以来最暖和的一天，天气晴朗，花香四溢，我兴致勃勃地与几个朋友到公园赏花。在公园里，我们碰到了一个五六岁的小男孩，他随手把一个纸团扔进了树丛中。他的妈妈看到后马上说：“怎么能乱扔垃圾！捡出来。”小男孩不情愿地费了好大力气才从密集的冬青丛里捡回了扔掉的纸团。我看到马上说：“这位妈妈真了不起，做得真好！”

而有些家长则不会这么做，小孩子吃完了东西，问：“妈妈，垃圾扔到哪里？”他们会毫不犹豫地回答：“随便扔了就行。”于是，小孩子随手把垃圾扔到了大街上、花丛里。下一次，小孩子便不再问了，走到哪里垃圾就扔到哪里。

一个没有教养的人，其坏习惯往往是小时候养成的。我们的孩子为什么越来越没有教养？

第一，家庭教育严重缺失。我接触过大量家长，有些家长真是有教养、有素质，也有一些家长不讲理、耍脾气、很难缠。父母是孩子的第一任老师，父母的教养水平直接决定了孩子的教养水平。现在，很多家长自身就没有教养，怎么能够让自己的孩子有教养？

第二，学校教育存在问题。由于课程设置和应试教育等问题，老师忙着教书，孩子忙着做题，学校哪有时间对孩子实施主题教育？更可怕的是，很多本身是独生子女的老师也缺少教养。我曾听到一位校长讲过这样一件事：学校教研室从来都是老师们轮流拿暖瓶为大家打开水，一位刚入职的女老师来到学校后却从不打开水。老师们看不惯，大家相约都不打开水，看看她如何表现。这天，这位女老师最后一个进办公室。她摇了摇暖瓶，发现没有水，于是就放下暖瓶拿着自己的水杯去外面打开水了，把大家惊得目瞪口呆。其实，学校中诸如此类的人和事还有很多，这些老师既缺乏教养，也缺乏礼仪。老师都没有教养，哪能让孩子有教养？

我想起了“是先有鸡还是先有鸡蛋”的问题。同样，是先让家长和老师有教养，还是先让孩子有教养？我的回答是：让我们的家长、老师和孩子一起变得有教养吧！

三

我们的孩子为什么不能生龙活虎

按说小学阶段是孩子精力最旺盛的阶段，他们应该生龙活虎，蹦蹦跳跳，打打闹闹，不知疲倦为何物。但现在的孩子，常常今天感冒，明天头痛，后天闹肚子；太阳底下站一会儿，马上晕倒一大片；眼保健操天天做两遍，戴眼镜的却越来越多。

我小时候生活在农村，没有良好的物质条件，大冬天里孩子们也只能穿破衣、旧鞋，没有袜子，经常冻得流鼻涕。到了夏天连鞋子都不穿，一个个都是“赤脚大仙”，若被蒺藜扎了，就慢慢地在地上蹭一下，照样继续奔跑。在这样的条件下，我们从来不感冒，不体虚，不近视。

我曾在美国洛杉矶的一所高中考察过一天。那所学校有两个巨大的操场，一个是草坪式的橄榄球场，一个是塑胶式的运动场。下午，操场上都是奔跑的孩子。看看人家孩子的个头、体能，再看看我们的高中生，很多都是“豆芽菜”、小胖墩，这真是一个现实问题。

为什么我们的孩子不能生龙活虎?

一是家长过度保护。我在山东工作时，有一位同事天气刚刚凉下来就马上给女儿穿上棉衣、棉鞋，戴上棉帽、口罩，仅露出一对明亮的眼睛。在学校门口，我对她说：“您这样会让孩子感冒的。”她说：“我这孩子体质弱，不包裹起来更要感冒！”我笑了。没过几天，孩子真的感冒了，被送到医院打针、吃药。现在，这样的家长有很多，他们总是自以为是地过度保护孩子，结果常常适得其反。英国教育家约翰·洛克是医生出身，他就极力倡导孩子一年四季光着脚穿薄底鞋，他认为这样才符合孩子的身体特点。我到日本的小学参访时，看到孩子们到学校后的第一件事是脱下鞋子，换上一双薄底的轻便小鞋，所以在日本学校的教学楼里是听不到孩子们走路的声音的。

二是学校和老师不敢组织过多的活动。把孩子们关在教室里是最安全的，既不用承担安全责任，家长也不会告状。该组织的活动、该经历的风雨、该进行的锻炼，都淡化了，没有了。就像生黄豆芽，焐在盆子里，细细的、长长的、弯弯的，不健壮、不健康、不健美。我在山东时学校有一位美国老师大冬天里为了表演节目让孩子们脱了鞋子学鸭子浮水，结果第二天家长就告到了上级部门。这位老师是根据她在美国的经验进行教学的，她认为这么做很正常，而我们的家长则认为这不正常。

不出交通安全事故的最好办法，就是把汽车永远锁在车库里。但锁上三年，这辆车也就报废了。

孩子也是一样的!

我们的孩子为什么大喊大叫

我刚从教育机关到学校担任校长时，因为前任校长没有来得及腾出办公室，我就暂时在一个库房里办公。库房对面是二年级的教室，我发现孩子们几乎天天都大喊大叫。我就细心观察，发现了一个规律：如果上课的老师喜欢大喊大叫，下面的孩子也一定大喊大叫——当老师提高嗓门的时候，孩子们的嗓门一定会盖过老师的。

说起来大喊大叫也不是大毛病，然而，孩子们一旦养成大喊大叫的习惯，一生都很难改变。看看我们的餐厅、会场、机场、公园……只要有中国人的地方，就有人大喊大叫，就有人毫不顾忌他人、尊重他人。

我们的家长、老师都在大喊大叫，怎能不让孩子们大喊大叫？而孩子们从小就养成了大喊大叫的习惯，这个社会自然就充满了大喊大叫的公民。

该从哪里入手，培养孩子们安静的习惯和文静的品质呢？

希望我们的家长在家里不要大喊大叫，而要轻声细语，即使批评孩子，也要有理不在声高，春风化雨，还要时时提醒孩子说话时要压低声音，学会尊重他人，不要干扰他人……

希望我们的老师首先要压低声音，不要动辄火冒三丈、怒发冲冠、暴跳如雷。咽炎是老师的职业病，这是因为我们说得太多，讲得太多，吆喝得太多，批评得太多……天天声音高八度，甚至到了声嘶力竭的程度，嗓子还能不哑？不仅如此，我们还带出了一群大喊大叫的孩子，一群大喊大叫的未来公民。

轻声细语，娓娓道来，同样能发挥语言的力量啊！

三

我们的孩子为什么没有养成好习惯

总结、研究众多优秀人物的成长经历，我们就会发现，不论其教育背景如何，小时候养成良好的习惯均是他们获得人生成功和幸福的不二法门。

现在的孩子接受的学校教育、家庭教育和社会教育越来越好，但他们的生活习惯却越来越差。许多单位在招聘了“80 后”的青年人后，大都反映他们不好用。这不是指他们的专业素质不好，而是指他们的行为习惯不好。

前段时间我应邀参观了与我们学校一路之隔的中国人民解放军陆海空三军仪仗队驻地，观摩了战士们的列队表演，参观了整齐、干净的宿舍。三军仪仗队的战士入伍后，两年内不出营房的大门，专练“三伏”、寒冬、风雨，他们的每个动作、眼神、口号都是“磨”出来的。在演兵场上，三军仪仗队一百七十多人走过，听脚步声就像一个人在行走。原来只在电视上看到过三军仪仗队表演的镜头，没有现场感，这次的见闻让我感慨万千：良好的生活习惯是养出来、练出来的！

据说三军仪仗队的战士退伍后，马上就被北京各大企业、事业单位“抢购”一空，不愁就业问题。

叶圣陶先生曾经说过，教育就是培养习惯。良好的习惯包括：生活习惯，如按时起床的习惯、讲究卫生的习惯、守时的习惯、整理物品的习惯、有秩序的习惯等；学习习惯，如认真听课的习惯、细心做作业和检查作业的习惯、预习的习惯、复习的习惯、读书的习惯、写日记的习惯等；思维习惯，如勤于思考的习惯、善于联系的习惯、逆向思维的习惯、批判性思维的习惯等。

其实，我们的孩子真的没有养成良好的习惯。

一是由于学校没有专门的习惯养成课程和相应的课时安排，也没有相应的教材。没有指向性的学习就很难落实培养目标，所以，说归说，做归做。从 2012 年开始，我们对班会、队会进行整合，开发了“习惯养成”适性课程，根据不同学段孩子的特点，利用专门的时间进行授课和训练。

二是由于家校要求不一致，造成孩子思想混乱，使习惯养成难以落地生根。现在许多年轻的家长娇惯孩子到了无以复加的地步，不仅自己没有养成良好的习惯，还放纵孩子的行为。孩子在学校里养成的点滴好习惯到了家里马上就改变了。例如，学校倡导按时到校晨读，而家长往往降低要求，让孩子屡次迟到。当然，这里还有一个家校合育的问题：怎样将习惯养成延伸到家庭，实现习惯养成的持续性？

三是由于良好的习惯需要不断强化才能养成。要让孩子养成一个良好的习惯，至少需要坚持二十天以上；而要让孩子改掉一个坏习惯，则需要坚持三十天以上。老师和家长需要有相当大的耐心和定力，才能帮助孩子养成良好的习惯。孩子放学后先完成作业再做别的事情，就是一个好习惯。然而，孩子更愿意先看电视、玩电脑、出去玩耍，如果家长不坚持，孩子就养不成这样的好习惯。

要想拥有一个幸福的人生，就必须从培养好习惯开始。

三

我们的孩子为什么破坏公共财物

2012 年，学校的走廊变成了“书廊”。考虑到学生的安全，挡书的板子采用的是高档塑料制品。秋季开学检修时汇总了一下，发现共有五十多块板子被损坏，价值三万多元。

学生在学校里除了要完成学业，还有一个重要的任务，就是习得社会角色，完成社会化发展。俗话说“三岁看大，七岁看老”。其实，一个孩子在小学校园里度过的六年时光，基本决定了他将来会成为一个什么样的人。孩子若在校园里养成了破坏公物的习惯，将来到了社会上就可能会做出更多、更大的破坏性行为来，甚至走向犯罪。

因此，学校制定了公共财物损坏赔偿制度，不论哪个学生，只要损坏了学校或他人的物品，就一定要赔偿。学生没有钱赔偿，最后赔偿的是家长。那么问题来了：家长可是不好惹的！

一天，从外面开会回来，我看到走廊里有人正在争论。走近一看，发现是一位班主任和课程服务部主任在与一位家长“辩理”。原来，她的孩子又损坏了校园里的物品，学校请她来谈一下赔偿事宜。我听到家长说了许多理由，强调公物的损坏与她的孩子没有关系，就是不想赔偿。

美国前总统里根在 12 岁时因踢足球打破了邻居家的一块玻璃。怎么办？赔！没有钱怎么办？向老爹借！借了该如何还？为家里干活、打工。少年里根通过自己长达三年的劳动，还清了向父亲借的钱。这培养了里根的责任感，最终里根成为美国历史上一位伟大的总统。

知道我们的孩子生性好动、没有规矩，孩子们组团去美国游学，临走前我专门给他们讲了这个道理：“要管住自己的手，不能随便乱动人家的东西！”孩子们在美国表现得很好，但是一回到国内就忘记了！

我知道很多家长一味地迁就和溺爱孩子，缺少里根父亲那样的教育追求和方法，所以学校制定了公共财物损坏赔偿制度，但执行起来却很困难。

学生损坏公共财物被追究责任，要求家长赔偿，不是因为学校缺那笔钱，而是因为我们要对学生进行社会责任教育，必须让学生知道：要对自己破坏公物的行为负责并付出代价。只有养成了这样一种责任感，将来他们到了社会上才会是负责任的人。

三

我们的孩子为什么坐不住

本来，好动是孩子的天性。但一个孩子如果上学读书了还是坐不住，静不下心来，进入不了状态，可能就有一些问题了。

我坐在教室里观课时，特别关注那些坐不住的小朋友。据估算，低年级这样的孩子占40%—60%，中年级还有20%—30%，高年级就少了，但也有5%—10%。一般来说，坐不住的孩子学业成绩总体上比较差。显然，作为教育工作者，我们决不能忽视这样一个群体。

我们的孩子为什么坐不住？大概有这样两个原因。

一是对孩子行为习惯的强化不到位。若孩子从小没有养成良好的行为习惯，上学后要改变，难度就相当大。其实，对孩子要求严格一些与尊重孩子的天性并不矛盾，好多家长自以为是，试图自然放养。然而，如果拿不准尺度，自然放养就会成为一种放纵。

二是孩子的饮食结构有问题。在坐不住的小朋友当中，男孩明显多于女孩，其中有很多男孩胖墩墩的。这可能与饮食结构有关。譬如，喝过多的饮料，吃过量的红肉，喜食巧克力、糖和外卖食物等。

这些问题大都是家长造成的。除了一些先天性缺陷不可逆转外，只要家长高度重视，付诸行动，问题就可以得到解决。

班级中有些孩子坐不住，还与班主任老师和科任老师有关。在那些秩序井然、学习风气良好的班级里，孩子可以得到班级整体氛围的暗示，更容易学会安静与自律。

孩子坐不住，既需要家长行动起来，也需要老师付出努力。家校合育是学校教育永恒的主题。

三

我们的孩子为什么难管

我到许多学校参访时经常听到老师们抱怨说："唉，现在的孩子真难管，真难带！"

我想，现在的孩子难管，可能有两个方面的原因：一是孩子的成长生态遭到了破坏，二是老师传统的管理方式遇到了挑战。

所谓孩子的成长生态，主要是指家庭教育生态。我们研究一下多子与独子时代的家庭教育生态，就会发现两者存在明显的差异。

过去，家里孩子多，民间有种说法，叫"老大憨，老二精，老三愣"。老大第一个出生，自然比弟弟、妹妹更多地担负起家中的责任，包括做家务，照看弟弟、妹妹等。如果几个孩子做错了事，受到批评和惩罚的也多是老大。久而久之，老大就显出憨态。"老二精"，是因为有老大在前面不断地犯错误，老二从老大身上学会了如何避免犯错误，所以显得特别机灵。老三呢，因为有哥哥、姐姐帮着撑腰，可以在小伙伴中有恃无恐，在家里也不用承担家务，慢慢地就养成了愣劲，如喜欢打架、好吃懒做等。这种说法，其实反映出一种家庭教育生态。在这样的家庭教育生态中，孩子可以在兄弟姐妹的互动中得到正常的教育。比如，有的孩子做了坏事，其他孩子就可能告诉父母，父母就会制止他继续干坏事。比如，在多子女家庭中，孩子自然就会学会分享，不会吃独食等。

然而，随着独生子女时代的到来，这种家庭教育生态遭到了破坏，缺乏兄弟姐妹互动的教育，孩子的发展不够充分。20 世纪 80 年代出生的独生子女已经走上工作岗位，他们饱受人们非议和批评的就是其高度的"以自我为中心"：不考虑别人，心里只有自己。

有一位单亲妈妈靠卖冰糕维持生计，每天回家时她都会留下一支冰糕给上学的女儿吃。有一天天气特别热，母亲带回来两支冰糕，女儿就问：“妈妈，今天怎么多了一支？剩下的一支给谁吃？”孩子想不到妈妈也需要一支冰糕哇！这个故事说明了孩子“以自我为中心”是如何形成的。在多子女家庭中，孩子更容易学会分享；而在独生子女家庭中，孩子往往从记事起无论何事几乎都拥有无可争辩的优先权，“以自我为中心”的人格慢慢就会养成。

班级也是一个组织、一个小社会、一个生态。原来的班级是由“憨老大”“精老二”和“愣老三”们组成的，本身就拥有正向的教育能量和完整的教育生态。而今天的班级里都是“小皇帝”“小公主”们，他们谁都不想吃一点点亏，班级本身就是一个扭曲的教育生态。如果我们老师仍然沿用传统的思维方式和教育方法管孩子，怎么能不困难重重？

如今，家庭教育生态发生了变化，我们老师在抱怨孩子难管时，却忽视了应该改变传统的思维方式和教育方法！

我们不能抱怨孩子，而应改变自己！

三

我们的孩子为什么缺乏创造力

瑞士手表以精湛的工艺闻名世界。为什么世界名表多出自瑞士而不是日本？这样的疑问还有很多：为什么精致耐用的家具多出自北欧而不是中国？……

我们在考察和研究各国不同的学校教育后终于明白：瑞士之所以能够生产出世界名表，是因为这个国家拥有大量的掌握精湛工艺的工人；北欧之所以能够生产出世界著名家具，是因为北欧国家拥有大量的优秀木工。这些国家之所以拥有这些技术工人，是因为他们的学校注重对学生兴趣和技能的培养。

在芬兰的一所小学，我们参观了一间木工教室，里面各类工具、设备和材料应有尽有，学校还聘请了专门的木工教师教授孩子们木工课程。每个中年级的孩子都能够利用刨子、锤子、钎子、凿子等工具，根据自己的设计，完成一件木工作品。

在瑞典的一所中学，我们看到了一个巨大的车间，里面有专门的房间供孩子们学习泥瓦工课程。孩子们在那儿学习抹墙面，也学习装修、喷漆等。在另一个大车间里停着一架小飞机，这是专门供孩子们学习和练习维修用的。我们走出教室时，看见三个小男孩在一辆老爷车下面忙活。校长告诉我们，这是他们在练习修理汽车。

芬兰、瑞典的孩子高中毕业后，有一部分会选择直接上大学。而更多的人先不去读大学，而是找一份工作，在工作一段时间后，找到适合自己的职业，一番尝试后，再去选修自己喜欢的大学和专业。还有一些孩子选择职业教育学校。

瞧，小学时的木工课程可以培养孩子们对木工和创造的兴趣，中学时的泥瓦工课程则会影响孩子们的职业选择。现在我们明白了为什么这些国家拥有这么多优秀的工人！

而我们呢？小学生、中学生往往“只读圣贤书”，只想考出好成绩，一门心思上大学，都想成为科学家、政治家……再看课程，学科单一，选材不够广泛，孩子们只能在黑板上“种地”，在书本里“做木工”。

前几年我们开始强调劳动教育，劳动教育本来是一门实践性很强的学科。就小学生来说，在劳动教育课程中，他们不应该死记硬背劳动教育课本上的农学知识，而应该在劳动实践、体验和感悟中得到全面发展，培养正确的世界观、人生观。然而，我们把孩子们圈养在校园里，固定在教室里，于是劳动教育难以得到有效实施，他们自然就缺乏创造力了。

三

我们为什么要关注每一个鲜活的个体

优秀的孩子往往不用教师操太多心就非常优秀，而这些优秀孩子的父母对教师的工作也会给予极大的支持，所以我们做教师的都喜欢优秀的孩子。

然而，世界是五彩斑斓的，什么样的人都有。我曾任职的山东的一所学校，由于学位受限，每年从报名入学的孩子中选拔出一部分接收入学，但每个班还是有那么几个难带的孩子，并且其父母也难沟通！

一位老师问我："我原来在普通学校工作，学困生比较多；但是，真奇怪，这所学校里怎么还是有学困生？"我说："您以为清华、北大这些顶尖的大学里就没有学困生吗？"

其实，如果孩子都很好，还要我们做什么？！我们一定要记住：好孩子就是好孩子，他们不是教师教出来的，也显不出教师的优秀；只有那些关注每一个孩子的教师，才是真正优秀的教师。

首先，教育的使命要求我们尊重每一个生命。对孩子而言，教育既是为未来的生活做准备，也是当下生活的过程。每一个孩子都要走向社会，开辟自己的未来。我们不能因为不喜欢某些孩子，就忽视他们。一个对社会、对民族、对国家怀有深厚情感的教师，必须具有教育使命感，努力让每一个孩子得到不同程度的发展。苏霍姆林斯基曾这样告诫我们："如果儿童的每一次淘气都引起你的苦恼和心悸，如果你认为他们已经闹到了极点，应该采取一些特别的'消防'措施，那你就该再三斟酌是否当一名教师。如果你和儿童会发生无休止的冲突，那就当不成教师。"

其次，教师的职业道德要求我们必须关注每一个鲜活的个体。教师不是教书匠，而是点燃孩子人生火把的人。苏霍姆林斯基这样告诫我们："教师的职业就是要研究人，长期不断地深入人的复杂的精神世界。”“我们工作的对象是正在形成中的个性最细腻的精神生活领域，即智慧、感情、意志、信念、自我意识……我们作用于学生精神世界的最重要的工具是教师的语言、周围世界的美和艺术的美，以及创造最能鲜明地表现感情的环境，也就是人类关系中的整个情绪领域。”我们如果厌恶或者放弃部分孩子，就没有资格当教师。

再次，家长要求我们必须关注“他的那一个”。全校升学率和班级生活质量再高，家长看重的还是自己孩子的发展和表现，他们主要还是通过自己的孩子去了解教师。只要教师关注每一个孩子，真心实意地去对待每一个孩子，多与家长沟通和交流，让家长知道自己孩子的真实情况，让孩子在原来的基础上有所发展，我想，这就够了，而教师也足以被称为“大师”。

苏霍姆林斯基说过，“儿童经常在变化，永远是新的，今天同昨天就不一样”。说得多好哇！当你摘掉有色眼镜，用变化的眼光去观察每一个孩子的时候，你一定会惊喜不已！

最后，请牢记苏霍姆林斯基的忠告：“每一个决心献身于教育的人，都应当容忍儿童的弱点。”

三

我们为什么必须小心翼翼地进入孩子的生活

“为什么孩子不喜欢学校？”这是一位美国心理学家提出的问题。他认为，人是不愿意思考的，只有我们设计了需要思考的学习生活的兴奋点，儿童的思维才能活跃起来。

但在实际教学中，我们很少顾及如何激发孩子们的思考热情，而是按照固定的课堂教学流程一味地传授知识。由于老师们错失了一个又一个可以激发孩子们思考的时机而让学习变得索然无味，最终，孩子们不再喜欢学校。

有一次，我在南方的一所学校里听课，授课老师在导入新课时采用了声、光、电等各种手段，前后用了五分钟，这时孩子们的思维是活跃的，思考是积极的。而当老师讲授新课的重点内容时，我发现绝大部分孩子不再愿意思考了。我认为，老师应该在孩子们最需要思考的时候通过教学智慧激发起他们思维的火花，这样，我们的课堂才有味、有趣、有挑战性——何苦把孩子们教得不愿思考?

期末的时候我参加某校的一次升旗仪式，负责的老师在升旗仪式上向全体孩子讲了八点注意事项，孩子们站在寒风里呆呆地听老师喋喋不休地讲话。其实，孩子们能够理解和注意两点，就已经不错了!

我们成人做出这些教育教学行为，说白了，是凭借教育者的身份生硬地介入孩子们的生活。我发现，虽然我们做了多年的教育教学工作，但我们并不清楚孩子的世界究竟是什么样子的。所以，我们经常以领导的心态、专制的手段、强硬的策略，自以为是地闯入孩子们的生活。

打个比方，一个刚刚出生的粉嘟嘟的婴儿，你非要让他穿上贵族的衣服、吹着成人的口哨在大街上散步，这可行吗?遗憾的是，我们就是这样做的!

我们必须小心翼翼地进入孩子的生活，注意自己的教育教学行为，只有这样，才能促进孩子健康成长。

三

把我们自己变成儿童

学校体育节那天，我随手给二年级的孩子拍了一张照片。后来，我在照片中发现，有个小男孩竟然大方地双手搂着一个小女孩，那么自然，那么天真无邪。

前几天我在清华大学讲课时，展示了这张相片，我问在座的八十多位局长、校长："同样都是同学，孩子们可以肆无忌惮地'搂搂抱抱'，你们在座的同学可以吗？"大家哄堂大笑。

我说："孩子的世界与我们成人的世界不一样，但是我们往往以成人的思维方式和生活方式去要求我们的孩子，安排我们的教学。这公平吗？合理吗？科学吗？"

孩子拥有自己的世界，他们有自己的话语，有自己的游戏，有自己的思想，有自己的生活方式。我经常扎进孩子堆里，听他们说什么，看他们做什么。孩子拥有自己的社会生活，他们会分工，也有领袖，还会说悄悄话。

当我们老师和家长自以为是，以我们的标准要求孩子，以我们的想法规范孩子，以我们的心态揣摩孩子的时候，我们错了！不仅错了，更多的时候，我们还在不经意间伤害孩子的心灵！

孩子的世界是纯洁无瑕的，是原生态的、本真的。我们要小心翼翼地走进他们的生活，否则就会惊动他们，影响他们，伤害他们。

老师们、家长们，如果要走进孩子的世界，就让我们先把自己变成儿童吧！

三

不可缺少的感知学习

按照工作计划，我们要组织一次廉政教育活动。这天，全校党员、管理干部和海淀区教委纪检、监察、审计联合党支部的同志们一起来到了位于天津的清河监狱。

这座监狱虽然位于天津市内，但实则是北京的一块“飞地”，走在那儿就像是回到了北京，连交警、车牌都是北京的。据说当年为了保证北京的安全，周总理批准将这座监狱建在荒无人烟的滨海滩涂上。

“文革”期间，北京市委书记彭真被打倒，被关在清河监狱进行劳动改造。关他老人家的建筑至今还在，是小河边上的一栋别墅。据说“文革”结束后，彭真恢复工作，繁忙之余还时常来到曾经被关押过的监狱小住上几天，“回味监狱生活”。

来之前，我们与监狱方面负责接待的同志说好了：“我们要向彭真老人家学习，也自己把自己‘关’在监狱里。”

监狱破例做出了安排。于是，海淀区教委和我们学校的二十多人就在一间戒备森严的监舍里，借用犯人的桌椅开展学习教育活动。

当铁门噔的一声关闭的一刹那，我们真切地体验到了失去自由的滋味。

其实，这是一种体验学习、感知学习，是最有效的学习方式之一。这种方式不仅对成人有效，对小学生作用更大。

人的学习是从感觉到知觉的过程，即人通过视觉、听觉、触觉、味觉、嗅觉等接收信息，让信息进入知觉系统，然后通过大脑对信息进行加工和提取，形成对一个事物的基本判断和认识。

北京师范大学的林崇德先生曾经通过实验得出结论：具有“前科学概念”的学生，在学习过程中更容易学会“科学概念”。譬如，小朋友若在实际生活中对图形有了感知，再学习书本上与图形有关的概念时理解起来就比较容易。这个结论反映的正是感知学习的重要意义。

然而在今天的中小学教学中，我们大量运用的是认知学习方式，即在学生没有“前科学概念”的情况下，就直接让他们参与学习“科学概念”。为了让学生取得好的考试成绩，我们直接采用听、讲、背、记、练等学习方式。

普通教室的功能会受到限制，因为学生一天要在里面学习多门课程，每门课程所需的学习资源都不一样。譬如，英语需要视听、图画、生活场景等学习资源，而数学需要模型、学具等学习资源。而普通教室是无法照顾学习资源的丰富性和特殊性的。

暑假期间，玉泉小学把部分普通教室改造成了学科资源教室。学科资源教室既有普通教室的功能，也有学科教室的教学资源。从这个学期开始，五年级学生进行走班上课，即平常的班级活动在固定教室里进行，而不同的学科课程则到相应的学科资源教室里去上。设立学科资源教室的目的就是对教学资源合理配置，让学生能够接触实际模型或实物，进行感知学习。

三

孩子才是最重要的

一天下午，一位母亲带着孩子来到我的办公室，一把鼻涕一把泪地控诉班主任老师。

原来，这个男孩经常迟到，在期末复习阶段依然如此，班主任老师就约来家长，狠狠地发了一通脾气，没有顾及家长的面子。

这位母亲气鼓鼓地说："我的孩子迟到总是有原因的！"

我先请这位母亲坐下，然后让孩子从书廊里取一本书把他领到隔壁的会议室，让他自己阅读。然后我返回来，把椅子拉到这位家长的面前，坐在她对面，握了一下她颤抖的手，柔和地说："您今天来找我的目的是什么？如果您认为这位老师违反了师德，可以向我提交控告信，我们会按照学校的相关制度启动调查程序，然后进行处理；如果您是为了孩子的发展来找我，我们可以坐下来聊一聊如何解决问题。"

她停止了哭泣，怔怔地看着我："还是为了孩子吧。"

我说——

"这就对了。很明显，您过度溺爱孩子。

"第一，刚才您说的这些话，就不是为了孩子的成长考虑。您说'孩子迟到总是有原因的'，对，迟到肯定有原因。但是，如果一个孩子天天迟到，次次有原因，这些原因还说得过去吗？您的孩子将来是不是要到社会上去？今天不养成良好的习惯、守时观念和纪律意识，将来您的孩子天天迟到，天天找原因，哪个单位要他？他又能做什么？

"第二，亲其师，才信其道。今天您与孩子一起过来'挑'老师的毛病，一起'声讨'老师的错误，那么，明天孩子来到学校将更不亲近老师，更不愿意听老师讲课，更不愿意写作业、遵守纪律、按时到校……您想想，最后毁了谁？毁的是孩子啊！

"第三，我承认，就像孩子有差异一样，老师也是有差异的。这位班主任老师的方法也许有一些问题，譬如对家长不客气。但是，教师职业是一个良心活，您的孩子总是迟到，总是不完成作业，班主任老师急着约谈家长，说明班主任老师有良心，负责任。假如老师不管、不问、不谈、不急，把孩子扔到一边，孩子爱怎么样就怎么样，您能把老师怎么样？最后毁掉的是谁？是孩子啊！

"第四，孩子马上要升入中学，需要把基础知识、基本技能、基本经验等夯实，这样将来才能顺利完成中学阶段的学习任务。如果我们不关注孩子的学业成绩，不关注孩子的学习状态，他天天迟到、为所欲为、学业成绩很差，我们也不管，您说行不行？我们不能自己把孩子毁掉吧？"

听到我讲的道理，这位家长点头称是，怒气、怨气也渐渐没有了。

我把孩子从隔壁叫过来，说："今天妈妈与老师发生冲突都是因为你，都是为了让你发展得更好。所以，你有必要知道，没有谁跟你过不去，是你自己导致了这一切。特别是老师，看到你天天迟到、学业成绩落后，着急叫家长，还不是为了你好吗？妈妈已经承认错误了，要好好地配合老师。你也要记住了，从下周开始不准迟到，还要认真学习，过几天我要去问你的班主任老师，看你表现如何。”

男孩点点头，说：“校长，我能做到！”

我送他们走出办公室，家长回过头来说：“校长，我明白了，可别批评老师了！”我说：“放心！但我会提醒老师注意工作方式。”

这个孩子出生时脑部受到损伤，智力与行为都有一些问题，和正常孩子不一样。加上家长对教育的错误理解和对孩子的过度溺爱，老师因心急而采用了不恰当的方法，就导致了今天这一幕的发生。

老师们、家长们，我们要想一想，什么才是最重要的！孩子才是最重要的。在孩子面前，我们不能意气用事！

三

帮孩子慢慢长大

在山东时，一个老朋友找到我，说他侄女的孩子想到我们学校读一年级，然后又说：“没想到你们学校这么好哇，赶快给我走个‘后门’！”

他的侄女是采油厂的职工，她带着孩子来到学校找我。坐下来后，我问：“为什么跑这么远来上学？”

原来，她家对门住的是某所中学的一位老师，说起孩子上学，那位老师建议到我们学校来。理由是：我们学校第一届毕业生有一部分在那所中学读初中，这些孩子最大的优点是既会玩又会学，他们十分活泼，能力特别强，每项活动都组织得有声有色，而且每次考试成绩也是拔尖的。

家长相信，既会玩又会学的孩子才有出息。

我们学校第二届毕业生中有三十个孩子被分到某所中学，秋季开学后传来消息说，三十个孩子全部当上了班长或班委。原来，这所中学的传统是，班委不是班主任挑选指定的，而是学生自己选举出来的。开学后，班主任说："谁来竞选班长？请举手！"结果在每个班级里，都是我们的孩子自信地高高举起手臂，然后他们非常自信地走到前面发表演讲，赢得一片掌声，往往成功当选。

孩子们的自信和敢于表现，是在学校组织的一个个具体活动中培养起来的。

2006年我们的孩子组团到英国游学。白天，他们到学校上课，参加活动；晚上，分散寄宿在各个家庭里。一天放学乘车回去时，一个三年级的男孩睡着了，带队的老师没有注意，到了居住地才发现少了一个孩子，当时大家都急坏了！

这可是在异国他乡啊，孩子丢了，又语言不通，这是多么严重的事件！

正当大家手忙脚乱时，这个九岁的孩子高高兴兴地跑回来了。原来，他到了终点站被乘务员叫醒，才发现自己与伙伴走散了。他不慌不忙地与乘务员交谈起来，说出了自己来自哪里、住在哪里，人家把他送回来了。

一个仅仅学习了三年英语的孩子，拿卷子来考试，不一定能及格；但在一个纯英语国度能够顺畅沟通，已经十分了不起了。

评价一所学校好不好的标准是什么呢？是上级部门发布的督导标准吗？是统一考试的成绩吗？我想，是看这所学校是否在帮孩子们慢慢长大！

三

行走在孩子的世界里

五六个孩子正聚在校园的一角叽叽喳喳、眉飞色舞地讨论着什么。当你走近的时候，他们的世界就被破坏了。“高峰校长，您好！”只要有一个孩子看到你并问一声好，这一群孩子就会停止叽叽喳喳，转向你。同时，儿童的世界瞬间就拒绝了你。

儿童的世界到底是什么样子？他们聚在一起的时候说些什么话题？谁在主导谈话？这些话题离我们有多远？……

老师和家长常年与孩子打交道，他们会振振有词地说：“我们天天和孩子在一起，怎么不了解孩子？连‘尾巴’往哪里翘我们都知道！”显然，这是一种成人的思维、一种控制的心态。

真的，作为教育工作者，我常常感到十分困惑和无奈——实际上我们成人是很难走进孩子的世界的！

一天，一位家长找到我，反映自己的孩子在一次社团课后被其他年级的孩子欺负。原来，这个孩子放学后多次被两个高一级的孩子欺负，包括被他们推搡、索取玩具和用品等，直到他不能承受而向妈妈倾诉。这位家长生气地说：“我们问班主任，班主任居然说不知道这件事。为什么班主任不管不问？”自然，这是家长片面的看法。实际上，发生在孩子世界里的各种各样的欺负行为，我们老师和家长很难适时发现，因为成人不是孩子世界里的人。只有当孩子的世界与成人的世界交汇时，我们才能发现其中的问题。

从这个角度来说，我们教育工作者和我们的家长必须行走在孩子的世界里，这样才能正确认知和施教于孩子。

三

好玩是学习发生的前提

人的一生中有两个重要的飞跃期。

第一个时期是三岁之前。这个时期，是孩子直立行走和牙牙学语的关键期。如果我们仔细观察就会发现，一至三岁的孩子学习能力相当强。在三岁之前的小朋友眼里，满世界都是学习资源，吹泡泡他们都能玩上半个上午。大人们也理所当然地支持孩子玩耍，不仅如此，还拼命地购买玩具。可以说，这个时期具备天时、地利、人和，是人一生中重要的、自由的、接地气的学习期。

第二个时期是三岁之后，一直到七八岁，这是人最活跃、最有创意、最有趣的学习期。此时的所谓学习还是以玩耍为表现形式。然而，一旦孩子进入幼儿园，我们对孩子的控制就会越来越多，要求就会越来越严，慢慢剥夺了孩子玩耍的权利和时空。譬如，强制孩子学习钢琴，学习拼音，学习英语，更要命的是学习数学……我们发现，小朋友进入校园时已出现了明显的差异，有些甚至开始厌学。

进入小学后，玩耍这件事离孩子们就越来越远了。玩耍慢慢地从他们的学习生活中退出，听课、读书、写作业、考试、上辅导班成了学习的主要内容。到了中学，连玩耍的影子也找不到了。因为我们给予孩子的一大堆所谓学习材料不好玩，深度学习其实难以发生。

我认为，如果孩子们来到学校，感觉校园不好玩、校园里的人和事不好玩、课程和学习方式不好玩，我们就需要重新思考教育教学活动的设计方案了。

中国人创造力不强有多种原因，我们不让孩子玩耍，可能是原因之一。

举一个例子：苹果公司的设计团队几乎从来不坐在办公室里画图纸、

做设计，而是在一个偌大的餐厅里随意就座，喝咖啡、吃点心、品水果，为一个问题而争论不休。正是在这样一种环境里，碰撞出了最新产品——苹果是玩出来的！

同样，你看美国的学校，有车间，有手工课，有各类玩具，孩子们也很散漫，可以随意上厕所，随便离开座位，甚至躺在地上。我们认为他们的课堂纪律不好、常规管理不好，我们认为这样是教育不出好孩子来的。但事实上，他们培养出了二百多名诺贝尔奖获得者，还有比尔·盖茨、乔布斯等天才人物。

好玩是孩子们的学习发生的前提。只有在好玩中、在动手中、在有趣中、在交流中、在碰撞中、在打闹中，儿童的智慧才开始生长，成长才开始发生。

三
梦想的种子

按照我们学校的传统，每年六一儿童节（我们称之为“学生节”）期间，校长要亲手给每个孩子发放一个一元钱的红包，这一元钱主要来自校长的稿酬。红包承载了教育的内涵和价值，但如果年年发，就需要创造不同的玄机与惊喜，从而实现其教育价值的最大化。

2013 年的红包怎么发？正巧《军事文摘·科学少年》杂志的编辑们来到学校，谈到了神舟十号，又谈到了太空种子。我马上联想到了红包：对，发红包的同时给每一个孩子发两粒太空种子，让孩子们回家种植，体验种植过程，分享自己的收获。

下面是我写给孩子们的一封信，题目是“梦想的种子”，随同红包一块儿发给了孩子们。

孩子们：

我们又迎来了自己的节日——六一儿童节。今年的红包里面除了有一元钱，还有两粒种子。这是我国航天人员将种子送到太空，通过改变其生长条件而培育出来的新种子。它们长出来后，会跟别的种子长出来的不一样。它们会长成什么样子呢？请你用这一元钱，再加上爸爸、妈妈的资助，购买一个花盆和泥土，将种子种进去，给它们阳光和水，通过自己的劳作收获你希望得到的农作物。

我建议大家，在放假之前，把自己的劳动成果拿到学校来展示一下，分享自己的经验；如果没有种出来，那就看看别人是如何种出来的。不论是成功还是失败，我都希望大家通过记日记的形式把这件事完整地呈现出来，给同学们读一读。这也是一种分享啊！

你们的大朋友高峰校长，于2013年六一儿童节来临之际

我在校园里碰到一个男孩，他问我："高峰校长，您给我们的那些种子，是不是与其他种子不一样？"

我说："是啊，那是太空种子。你种下了吗？"

他说："我妈妈帮我买了一个花盆，放在了阳台上，种子我种下了，已经长得这么高了。"他用两个指头表示高度，"但是，我想知道它们会长成什么样子。"

我笑了，用两只手比画了一下："是一种豆角，它们会长这么长！"

他眯上眼睛神往了一会儿，说："哦，那我就等着它们慢慢长大……"我想，他是在做一个有关种子的梦。

现在的学校教育最可怕的地方就是让孩子们不再有梦想。其实，小学教育的主要任务就是制造机会，帮助孩子们做很多很多的梦，不论哪一个梦成真了，孩子都是成功的。有梦想，才有预期；有预期，才会产生动机；有动机，才有人生的方向感和源源不断的动力，人生才会圆满、幸福。

我们的一粒种子，或许能让孩子们生出梦想的翅膀！

三

那些被我们宠坏的孩子

从普通人到英雄，他用了几分钟；从英雄到犯罪嫌疑人，他用了六年。他就是被我们的社会、学校、老师和家长宠坏了的孩子——“抗震小英雄”雷楚年。

2014 年 10 月，雷楚年被成都市高新区检察院以诈骗罪、伪造国家机关印章罪、伪造公司印章罪提起公诉。

当年雷楚年因为在汶川地震中救出了七名同学而成为“抗震小英雄”，然后通过政府表彰、媒体宣传、社会追星等戴上了耀眼的光环。然而，在被某重点中学免试录取，接受许多优待和照顾后，他竟一步一步走向了犯罪的深渊。

雷楚年最终站到被告席上，只是因为他个人的原因吗？我们是否需要更深层次地追问：他本来是一个好孩子，为什么会堕落？我想，他是被我们的社会、学校、老师和家长宠坏了！难道我们脱得了干系吗？

这个典型反映了功利教育的弊端。

类似这样的事情太多了。2014 年高考前，某省有两个高中学生在公交车上因救人受伤成为英雄。之后，他们虽然成绩一般，但被很多知名大学抢着录取——这些大学放弃录取原则和标准，是为了这两个孩子着想还是为了博取功名？

他们还是孩子，需要像其他孩子一样正常成长，需要一个自然生长的过程，需要经历人生的磨难和砥砺。而我们的社会却给予了他们非正常的生长环境和条件，让他们非正常地长大。从某种意义上说，我们剥夺了这些小英雄正常生长的权利，让他们生长得歪歪斜斜，甚至最终走上犯罪的道路。

据报道，雷楚年进了重点高中后根本跟不上课程进度，学习成绩一塌糊涂，于是出现了厌学情绪，然后逃离校园、谈恋爱、诈骗等。因为头上戴着“抗震小英雄”的光环，学校竟然没有老师敢管他！

种子需要泥土，需要春风，需要露水，才能破土而出，然后经历风雨、酷暑和严寒，才能慢慢长成一棵大树。如果我们把种子放进营养瓶里，它也可以发芽、生长，但永远不可能长成一棵大树！

教育，何尝不是这样？

孩子，又何尝不是这样？

到了该回归理性的时候了，到了该回归教育原生态的时候了，我们千万不要宠坏我们的好孩子！

三

种下情感的种子

春节回老家时，一位初中同学请我到他家里吃饭，说是去品尝“生产队味道”。所谓“生产队味道”，就是一大盆寡淡的牛骨汤，放一点儿葱末，让汤尽量保留原汁原味。吃饭时，外面天寒地冻，室内热气腾腾，围绕着这盆清汤，每个人都吃得十分满足，宛如享用了一顿大餐。

在人民公社时代，农民是以生产队为单位组织生产的。当时物质贫乏，人们常吃不饱肚子，更吃不到肉。哪天一旦有病牛死掉，就会成为全生产队的节日，大家起码可以喝到一碗牛骨汤。这碗牛骨汤就像种子一样留在了人们的心田里。多少年过去了，日子越来越好了，大家已经不再缺少这碗牛骨汤了，但是，人们仍然对这种“生产队味道”念念不忘！

人们为什么对寡淡的“生产队味道”念念不忘呢？我想，不是因为我们缺少这碗汤，而是因为一种情感的需要。所以，我们选择食物，有时不是因为我们肚子饥饿，而是为了满足一种心理需求和情感需要。

我又想到了学校，想到了教育。

在小学这个人生奠基阶段，我们给孩子种下什么样的情感的种子，他们将来就会长成什么样的庄稼。

北京市十一学校校长李希贵曾经谈到过一个人成功的定律，他说：“现在，上学的时候重视的是学业。二十年以后，哪些学生会获得成功？往往是那些在人格、理想、信心和价值观取向上坚定的学生。我曾经多次问过已经毕业二十多年的学生：请回忆上学时十件最难忘的事。结果他们说的没有一件发生在课堂上！”

所以，在孩子们心中播下美丽的、健康的情感的种子，将影响甚至决定他们一生的幸福。

我们创立了“校园情感发展模型”，设置了20个情感发展目标，并设置了与之配套的一系列校本课程，让孩子们在学好书本知识的同时，不断地参与活动课程，种下情感的种子。同时，老师和家长一起浇水、施肥、剪枝、培土、捉虫，让孩子们情感的大树枝繁叶茂、茁壮成长。

寡淡的“生产队味道”让经历过生产队时代的人们念念不忘。同样，学校开设的所有情感活动课程也将留在孩子们的生命中，让他们念念不忘。

这就是教育的力量、情感发展的力量。

三
要善于制造关键事件

我们一生上过的课何其多，光小学、中学、大学算下来就有两万多节课，还没算工作以后参加的各种名目的培训班。可是，我们又记住了多少节课？

著名教育家苏霍姆林斯基曾经讲过这样一个故事。苏联一位航天英雄七八岁的时候家里来了一位飞行员亲戚。这位亲戚向他描述了神秘、伟大的飞行生活，还添油加醋地把自己描绘成一位即将飞向太空的宇航员。从此，这个孩子心中就怀着一个航天员的梦想，这个梦想一直激励和支撑着他走向成功。

所以，学校在组织好课堂教学的同时，还要善于制造关键事件。这些关键事件往往会成为孩子们情感发展的重要推动力量，也往往会成为孩子们梦想的起点。

为了给孩子们打造梦想平台，我们制造了许多关键事件。春天六公里的远足，让每一个孩子感受到了“长征”的滋味；隆重的庆“六一”系列活动，让孩子们度过了真正属于自己的难忘节日；成立“玉泉爱心基金”，资助那些贫困的孩子上学，让孩子们感受到了人间真爱；开展班级互访活动，培养了孩子们的人际交往能力；举办中西文化展示大会，让所有孩子都走上舞台，展示自己的风采……在中西文化展示大会上，孩子们因上课任务繁重，排练欠功夫，表演还很简单，但我敢说，这是让每个孩子心情激动、热血沸腾的表演。

美国教育家杜威曾说过，教育即是人生，而非只是为人生之预备。教育是天空，要让每个孩子成为自由飞翔的鸟；校园是大海，要让每个孩子成为自由游动的鱼。我们的关键事件彻底摒弃了让一小部分孩子做“演员”，让绝大部分孩子做观众的传统做法，而是让每个孩子都走上舞台，去表演，去展示，去长大！

记住，只有怀揣梦想的人才有希望成为伟大的人物。而孩子建构梦想，需要我们老师和家长不怕麻烦地去制造各种能够引发他们好奇心的关键事件。

三

请向孩子的道德高度看齐

两个三年级的孩子发生了一场冲突，进而引发了家长之间的矛盾，班主任老师对此束手无策，这场“官司”就打到了我这里。

事情是这样的：两个小男孩本是要好的朋友，但是放学的时候，前面一个孩子一抡书包，将后面一个孩子的脸擦了一下。旁边一个女孩幸灾乐祸地笑了，这一笑不要紧，后面这个孩子不干了，朝着前面那个孩子的后脑勺打了一拳，结果前面那个孩子头上起了一个大包，哭了起来。组织放学的老师赶紧过来处理。此时，恰巧两个孩子的家长都来接孩子，见状马上参与进来，起了争执，一直吵到校长办公室。

我把两个孩子搂到怀里，问他们：“你们是好朋友吗？”两个孩子点点头。我说：“既然是好朋友、好同学，有问题就应该好好商量，动手打人肯定不对，这不能解决问题。你们说应该怎么办？”两个孩子对视了一会儿，动手打人的那个孩子说：“我不该动手，对不起！”另一个说：“今后我会注意不乱抡书包，以免打着人。”我说：“好，还是好朋友！”然后把两个孩子送出了办公室。

两位家长还在争吵。我说：“请两位家长往那边看！”此时，那两个小家伙正在走廊里亲密无间地聊得热火朝天。

我说：“我们应该向孩子学习。瞧，他们已经和好如初了，我们家长为什么非要争出个一二三？”两位家长有些尴尬，都没说话。

其实，大人虽然个头比孩子高，年岁比孩子长，社会阅历比孩子丰富，处理问题的手段比孩子多，但在道德品质上，常常达不到孩子的高度！

孩子是天真的，而我们大人有时很狡猾；孩子的心是透明的，而我们大人有时很阴暗；孩子是大度的，而我们大人有时很小气；孩子是纯洁的，而我们大人有时很世故；孩子是真诚的，而我们大人有时很虚伪……我们可以找到许多组这样的反义词，来阐明大人需要仰视孩子的道德高度。

一次，我看到一位家长把车开到学校门口停了下来，准备让孩子下车，但孩子拒绝这样做。于是父子间有了下面这样一段对话。

“爸爸，学校规定，车辆不准停放在学校门口，因为有好多同学上学，不安全。”

“儿子，别那么傻，只要你安全，管那么多干什么？”

“您这么做违反校规，会扣我们班的分。我不下去！”

“爸爸急着上班，快下去，要不我揍你！”

那位爸爸蛮横地把孩子从车上推了下来，一溜烟地开车走了。

孩子无可奈何地向校门口走来，一脸的愧疚与不安。我把孩子拉到身边，说：“孩子，你做得很棒！”孩子害羞地笑了。

这样的大人，哪里赶得上我们的孩子？而在我们周边，这样的家长又有多少？

是啊，大人们，当我们自以为是的时候，当我们道貌岸然的时候，当我们争权夺利的时候，当我们相互倾轧的时候……请向孩子的道德高度看齐！

三

我心目中的好孩子

经常有人问我：“您心目中的好孩子究竟是什么样子的？”

孩子有不同的父母（遗传），成长于不同的家庭（环境），到六岁多上学时，他们的行为、言语、心理、社会性发展已经千差万别，好孩子的标准很难用几句话描述出来。

但作为校长，我的心中必须有一个好孩子的标准，并以此来设计学校的培养目标和教育环境。

开学第一天，因为要到分校参加开学典礼，我从办公室里拿起一份材料就急急忙忙地下楼，准备过去。这时我忽然发现，整个校园里静悄悄的，难道一千四百个孩子已经过去了？我下楼后才发现，孩子们正拿着凳子陆续走出校园，没有一个人说话或打闹。我跟着他们走到分校，发现分校的孩子们也是安静地坐在操场上。这种良好的秩序显然与老师们的教育有关：我们要求孩子们开学第一周，特别是第一天，就要恢复良好的生活习惯，尽快进入正常的学习、生活状态。这次开学典礼也是围绕习惯养成的主题展开的。

行为的规范和心灵的自由其实是矛盾的，外在的行为习惯强调过头了，就会扼杀心灵的自由——这里有一个“度”，我们必须把握好这样一个“度”。

我曾见过有些学校过分民主与开放，孩子们的个性倒是十分张扬，但他们却没有规矩，没有养成良好的习惯；也曾见过有的学校实行军事化管理，孩子们很老实，但没有自由和创造力，也就没有舒展与幸福。我想，究其原因，是教育的“度”没有把握好。

我心目中的好孩子，“行为是规范的、自律的，心灵是自由的、舒展的”，这也是我们追求的目标。

让孩子怀揣梦想上路

一天，碰到一位朋友的孩子，他刚刚参加完高考，自己估计能考上一所不错的大学。我问："准备报哪所大学，学什么专业？"孩子害羞地笑了笑："不知道，得问妈妈。"

如今像这样高考完竟然不知道自己该读什么大学、学什么专业的孩子有很多。这个现象说明，经过十二年的学校教育生活，这些孩子仍然没有自己的想法，没有发现自己在未来职业和事业方面的兴奋点。

我曾到美国加利福尼亚州参观一所高中，在与高中生交流的时候，发现他们每个人都有自己的想法，都有自己的人生目标，都有自己心仪的大学或社区大学。有个黑人女孩告诉我："我喜欢小孩子，我就想做一名小学教师。所以，我要先读社区大学，然后去考教师资格证书，通过后就可以做教师。"

因为有自己的想法，美国的孩子很容易就能找到自己喜欢的职业，并能为之奋斗一生，实现自己的价值。反观我们的孩子，他们在家长和老师的"帮助"下，懵懵懂懂选了大学和专业，磕磕绊绊读了四年，就业后若发现自己不喜欢这个职业，自然就会很痛苦，也难以干成事业。

美国在小学阶段就引导孩子们进行人生规划。如果说我们也有类似的做法，就只是让孩子们树立一个远大的理想和目标。我想，让孩子们有自己的具体想法，这是学校的重要使命。

所以，我们启动了"校长请你喝咖啡"的课程，目的就是帮助孩子们进行人生规划。

我把六年级八个班的孩子轮流约到"苏霍姆林斯基书吧"，与他们一起喝咖啡，然后讨论一个话题——"谈谈我们的梦想"。

首先，观看一部微电影，引出话题。然后，从弗洛伊德《梦的解析》出发，谈到"生理梦"和"白日梦"，再谈到梦想的内涵。我让孩子们分享自己的梦想，让他们根据自己的特长和爱好，想象自己将来从事的职业和达到的事业高度。最后，我让孩子们写出自己的梦想，即人生规划，包括以下内容：第一，想象一下自己将来的样子；第二，希望进入社会后从事的职业；第三，希望六年（三年初中、三年高中）后就读的大学（或职业学院）和专业。

孩子们来到书吧，与校长一边喝着咖啡，一边谈论着自己的人生梦想，自然很兴奋，也很愿意把自己的想法与他人分享——孩子们那些独特的想法正是在与他人的碰撞中产生的。

我对孩子们提交的近三百份人生规划进行了分析，发现大约六成孩子希望六年以后考入清华大学、北京大学、中国人民大学、北京航空航天大学、北京交通大学等国内知名大学，大约两成孩子希望考入哈佛大学、牛津大学、麻省理工学院等国外知名大学。其他孩子，有的希望上职业学院，毕业后开一家宠物店；有的希望参军，做一个海军军官或空军飞行员；等等。

其实，不论孩子们今天的梦想是什么，只要他们怀揣人生的梦想和希望一路走下去，就会事业有成，为社会做出贡献，实现人生价值，就会拥有幸福的人生。

三

一次“炸掉学校”的失败试验

国外一个八岁的女孩，因为不喜欢她的学校而打电话给爆破公司，请求爆破公司炸掉学校，并且要求爆破公司在全体教师都在学校的时候实施爆炸。接线员问她为什么要炸掉自己的学校，她说：“老师周五给我布置了额外的功课，还有一堆乱七八糟的东西……”顿了顿，小女孩再次强调：“在炸掉学校的时候，请确保所有的老师都在里边。”

这是一段搞笑的视频，也有可能是导演设计的结果，但是我们必须承认，如果孩子们不喜欢学校，教育还没有开始，其实就已经结束了！

2015 年年初，我校要举行本学期结业式的那天，我突发奇想：何不考验一下玉泉小学的孩子们，看他们是否愿意炸掉他们的学校？

我与二年级三个班的班主任老师提前沟通了一下，把试验方法告诉她们，然后我们一起走进了一间教室。

“孩子们，今天我们接到一个很不幸的消息，我们玉泉小学将被炸掉，并被夷为平地，你们将要转到其他学校上学。你们怎样看待这件事？”

全班的孩子顿时脸色凝重，教室里一片寂静，连针掉在地上都能听见。有孩子小声地问：“这是真的吗？”我肯定地点了点头。

“谈谈你们对此事的看法吧。”班主任王老师启发说。

一个男孩哭着说：“老师，我不希望炸掉我们的学校，我喜欢这里……”接着，一个女孩也抽泣起来，不一会儿十几个孩子在流泪……孩子们不知所措地望着我们，十分无助和忧伤。

我一看连忙说：“我们还有挽回的余地。下面举手进行表决，不愿意炸掉玉泉小学的请举手。”四十几个小朋友齐刷刷地举起了小手。

王老师说：“既然全班小朋友都不愿意炸掉我们的学校，就请高峰校长跟上面说一说，把玉泉小学留住。”我坚定地点了点头。

孩子们有的仍有些疑惑，有的没有回过神来，有的还在哭泣……我立即决定，不到下一个班去了，试验必须到此结束。因为对喜欢学校的玉泉学子来说，这样的试验有些残酷，会伤害他们的心灵。

放学后我碰到王老师，她说班里的孩子们一直在谈论要炸掉学校这件事。

顿时，欣慰夹杂着悔意涌上心头：欣慰的是玉泉小学的孩子们如此喜欢他们的学校，如此喜欢他们的老师和同学，如此喜欢丰富多彩的校园生活；后悔的是不该做这样的试验——这是一次非常失败的试验！

Ⅲ

保卫儿童

三

捍卫儿童成长的权利

我曾在公园里看到过一个大约五岁的孩子拿着一件喜爱的玩具，一个路过的孩子也想玩一玩，站住不走了，一脸的羡慕。然而，即使妈妈再三劝说，拿着玩具的孩子也不愿意与他人分享。这时，我们看到了人类自私的一面。其实，从生物学的角度看，自私是人的自然属性，是人类在长期的生存过程中为了自我保护和种族延续，形成并遗传下来的自然天性。

孩子们来到学校干什么？表面上看是来听课、读书、写作业、考试等，而本质上是来进行社会化，为将来融入社会成为合格的公民奠定基础的。

所以，学校教育的本质，是通过课程实施和对培养目标的不断追求，让孩子们不断实现社会化。譬如，让公园里的那个孩子来到学校，在集体碰撞与互动中学会与他人分享玩具。

杜威曾说，学校即社会。他把学校看作一个小小的社会。既然学校是一个小小的社会，那么，里面的孩子就是小小的公民，小小的公民就拥有自己成长的权利——一种自然赋予的、不能被剥夺的人的基本权利。

遗憾的是，虽然我国加入了联合国《儿童权利公约》，颁布了《中华人民共和国未成年人保护法》等法律，但由于我国师道尊严的传统，我们成人经常自以为是，甚至以保护儿童的名义，轻而易举地剥夺孩子成长的权利，侵犯孩子发展的权利，干涉孩子平等的权利……实际上，那些保护儿童的法律距离孩子们还十分遥远。譬如，为了迎接上级的检查，我们可以停止孩子们的课间活动；我们可以以安全为由随意剥夺孩子们玩耍的权利……我曾找过一位一年级学生的爸爸，因为他的现任妻子经常对前妻留下的孩子施暴。然而，我们能够给孩子多少保护呢？

我们需要一部更加贴近孩子们生活的“宪法”——一部可操作性强、能够捍卫儿童成长权利的校园“宪法”。于是，经过学校半年的研究，经过教师决策团和学生代表大会通过，2014 年六一儿童节，《玉泉儿童“宪法”》终于诞生了！

《玉泉儿童“宪法”》的内容包括：捍卫儿童成长的权利，保护孩子的幸福，保护孩子的公平，保护孩子的自由，保护孩子的民主，保护孩子的人格，保护孩子的身体，保护孩子的玩耍，保护孩子的学业，保护孩子对课程的选择权利……

当校长、老师和家长都具备了《玉泉儿童“宪法”》提倡的意识和行为时，我们的学校才拥有教育的内涵和价值。

三

保卫儿童的本真

有一次我与一位山东的同学通电话，问起她的女儿如今在哪个国家读书。她很平静地说：“没有出国，参加工作后没多久就结婚了，嫁到西部去啦。”我听了大吃一惊：“这样一个天才，怎么没有继续深造？”她长叹一声：“她已经学够了。我们劝她考研、出国或考公务员，但她什么都不想考了。没有办法，听天由命吧。”

我这位同学大学毕业后被分到一个机关单位工作，办公室与家属楼在一起，十分方便，工作又轻松，所以她有很多时间照料自己的女儿，结果培养出一个天才儿童——她的女儿从一年级跳级到三年级，然后跳到五年级、七年级、九年级，高中毕业时才十四岁，考上了某所大学的少年班。

按理说，如此聪慧的孩子前途无可限量，我们这些同学也期待这个孩子有所成就，结果她大学毕业时就学烦了，学够了，学伤了，参加工作没多久谈个对象就远走高飞了！

当然，我并不是说读研、读博的才是人才，就一定会为社会做出更多贡献。然而，读研、读博毕竟是很多孩子的理想。其实，不论做什么，孩子将来都可能会有出息——当然，如果学养不够深厚，是难以有所成就的。

上个学期期末，我们学校有几个考上某知名中学实验班（从五年级孩子中选拔录取）的孩子回到学校参加毕业考试。当时我们正在开展“校长请你喝咖啡”活动，这几个孩子的家长提出，希望学校也给他们一个机会。于是，我约这几个孩子一起喝咖啡，与他们聊天，交流他们的学习、生活情况。我发现，他们学校六年级开设的课程数量已经十分惊人，数、理、化全部开设，课时量相当大，孩子们一天到晚就是听课、写作业、练习、考试，几乎没有自己的生活。说实话，与其他孩子的活泼劲比起来，这些孩子就像老头儿、老太太——如此成人化，让我心中隐隐作痛，无法用言语表达。

最近，又有几位五年级孩子的家长找我签字，因为孩子考上了某中学的天才实验班。一批又一批天才儿童前赴后继，他们是否在步我同学女儿的后尘？对此我十分怀疑。

按照皮亚杰的理念，儿童发展的阶段是不可逾越的。我那位同学的女儿，据说上大学的时候总是最后一个收衣服，因为她分不清自己和别人的衣服。我们的所谓天才儿童教育，很多时候并不是为了孩子真正的发展，而是为了学校的名声或钱财。

我曾经专门到美国考察过天才儿童教育。美国的学校一般根据天才儿童的需求进行教学。譬如，二年级的孩子可以学习五年级的数学，但是他必须留在同龄群体中过正常的学生生活。

拔苗助长不可取。

是的，到了该保卫儿童本真的时候了。

三

保卫教育的功能

如今，越来越多的人不自觉地对学校教育寄予厚望，想尽办法选择更好的学校。其实，学校教育并不能帮助所有人都获得成功，有时候，它还是“坏教育”的帮凶。

我的老家距离胶济铁路不远。邻居家的一个男孩很顽皮，经常逃学跑到铁路上去搞破坏。例如，把枕木底下的石子掏空，做成一个洞。当火车快开过来时，他就钻进洞里，蜷在里面，等待火车从洞上面隆隆地驶过。我们无法想象行驶中的机车的震动与噪声是多么让人难以忍受，但这个男孩却乐此不疲。我想，他有自己创造的神奇世界。老师不理解，搞不懂，就找家长告状。他的父亲不能容忍，用鞭子抽他，于是他的神奇世界消失了。这个孩子初中没有毕业就早早地辍学，到社会上混，最后犯了命案被判死刑。

据一位在司法局工作的朋友介绍，一个三十万人口的区县，每个月都要接收几十个犯人，这些人绝大部分初中就辍学了。我想，如果我们容许孩子们按照自己的想法去创造属于自己的生活，那个在枕木底下掏洞的男孩还会辍学，还会犯罪吗？如果这个男孩有苏霍姆林斯基那样的老师，或者有爱迪生的父亲那样的父亲，说不定他将来就会成为某一方面的人才。遗憾的是，他碰到了这样的老师和家长！

一次，因为一起事件我接待了一位四年级学生的家长，她告诉我：“如果儿子哪一次考不到 95 分，回家就要挨揍。”她说这话时就像聊家常一样轻松，毫无内疚感。在中国，家长对孩子实施体罚是一种家庭隐私，别人无权过问。今天，有多少孩子还在被打骂、罚站、挖苦、讽刺？答案似乎永远是不可知的。

每年 4 月 30 日是“国际不打小孩日”，也称“拒绝体罚日”。这个特殊的日子是由美国的一个反体罚组织发起的，旨在宣传正面管教的方法，倡导儿童人权。什么时候我们也能有更加具体的保护儿童权益的法律，也能设立大量的儿童援助机构，也能形成强大的社会监督力量？我多么希望每一天都是“拒绝体罚日”！

在人的成长过程中有很多因素在发挥作用。学校教育会起到一定的作用，但不是全部。当我们把学校教育看成孩子命运的决定性因素时，教育的功能就会发生异化。

教育不是仅仅为了让家长满意。教育的功能，是为民族培养合格的未来公民，为国家造就各式各样的人才和劳动者，让这个民族和国家绵延不断地繁衍、发展下去。

捍卫教育的功能不是说一句话就能办到的事，这需要全体人民的觉悟。

三

捍卫教育的本真

教师不仅仅是教书，其一举一动、一言一行、一怒一笑本身就是影响人、熏陶人、教育人的最有效、最直接的“生本课程”——教师可以成就一个孩子，也可以毁掉一个孩子，这与教学成绩好坏无关。

著名主持人崔永元在《不过如此》一书中，描述了自己小学四年级的数学老师是如何把一个优秀的小男生“修理”得“数学成绩一落千丈，患上数学恐惧症”的。这位女教师不仅在肉体上折磨他，还在精神上摧残他，以致“高考结束，我的第一个念头是，从此再不和数学打交道了”。后来工作了，一次崔永元去市场上买西瓜，摊主认出了他，就眉开眼笑地说：“崔哥，我给你挑一个大的，一共是 7 斤 6 两 4，一斤是 1 块

1 毛 5，你说是多少钱？”没想到这句话勾起了崔永元的“数学恐惧症”，他忽然情绪失控，大喊一声：“少废话！”然后愤然离开市场。由此可见那位女教师折磨一个孩子的功夫有多高，其影响有多深！崔永元说：“对我来说，数学是疮疤，数学是泪痕，数学是老寒腿，数学是类风湿，数学是股骨头坏死，数学是心肌缺血，数学是中风……所以，我请求各位师长手下留情，您不经意的一句话、一个举动或许会了断学生的一门心思，让他的生命走廊中少开一扇窗户。”

学校某个班级有一个特殊的男孩。因为我也给这个班上课，所以我早就知道这个男孩有点儿问题，但并不清楚问题到底出在哪里。有一次我们组织学生外出研学旅行，晚上我到这个孩子的宿舍查看。一进门，我就发现他正坐在上铺大哭，鼻涕流得老长。看到其他五个小男生各自忙活自己的事，没有人理会他，我觉得很奇怪：为什么没有人帮助或劝慰他？询问后得知，原来是因为他脚臭，同学打来温热的洗脚水让他洗脚，他就是不洗，于是同学们批评了他，他就哭了起来。我费了九牛二虎之力把他说服，然后把他劝下床来，给他擦干净鼻涕，让他把臭脚洗干净。我体会到了这个男孩是多么任性，多么难以与他人相处。第二天，我与班主任老师说起这件事，她笑着说：“您好大的面子，居然能够把他说服了！”当时我想，面对这样的孩子，班主任老师也很为难哪，但是，我从来没有听到她抱怨过这个孩子，她总是以欣赏的、宽容的、大气的态度对待每一个孩子。

作为老师，我们天天都要与各种孩子打交道，有听话的，有调皮的；有规矩的，有捣蛋的；有灵光的，有迟钝的……在与孩子们打交道时，我们不论怎样生气、怎样无助、怎样急躁、怎样委屈，都必须以欣赏的、宽容的、大气的态度对待每一个孩子。这才是为师之道哇！

“亲其师，信其道。”请捍卫教育的本真，不要贸然关闭孩子生命走廊中的那一扇扇窗户！

三

捍卫教育的边界

当下，教育界喊出了诸多口号，譬如“没有教不好的学生，只有不会教的老师”“一切为了学生，为了一切学生，为了学生的一切”……这些口号从某种意义上说是相对真理，并非绝对真理。

譬如，“没有教不好的学生”，这个观点就不符合人的发展规律。从学业的角度说，一定有教不会、学不会的学生，甚至有些学生连先贤圣人孔子也没有办法教会。就一个智力基础、认知结构有问题的孩子而言，如果我们非要教会他国家课程标准规定的那些知识，我们只能摧毁他！

然而，在这样一片呐喊声里，我们不知去向，我们屡屡越界，终于，我们丢失了教育的边界。

在学校的远足节那天，全体孩子背负行囊步行到四公里外的老山公园去。我看到一个老奶奶急匆匆地赶上队伍，着急地寻找，过了一会儿终于看到了自己的孙女。老奶奶说：“把书包给我，我替你背着！”孩子不爽地扭过身去，回应说：“不用！老师说了，要我们自己背！”老奶奶硬是没能把书包夺过去。看到她讪讪的样子，我笑了。

其实，捍卫教育的边界就这么简单。如果奶奶要替孙女背书包，孩子不能严格要求自己，我们就将失去远足的意义。

学校是儿童的世界，这要求老师、家长和社会营造一个适宜儿童成长的环境，搭建一个让孩子感觉有味道的童话世界。我们不能让那些我们自以为是的知识、道德、说教、行为等原封不动、不加装饰地“进课堂、进教材、进头脑”，我们必须把它们藏进童话世界里教给孩子。多年来我们不甚满意的教育现实告诉我们：藏起来的教育才是最好的教育。

教育的本质追求是培养真正的人、本色的人、幸福的人，而我们越界了，把教材、考试、教辅、作业、纪律、要求等手段当成了教育的目的，忘记了立德树人这一根本目标，于是我们丧失了教育的边界。

要让我们的民族有梦想，有希望，就要捍卫教育的边界！

捍卫教育的良心

一位曾经做过校长的朋友告诉我，他是如何被免职的。有一次，分管教育的副镇长来到学校，要求学校停课半天，让全体师生上街打扫卫生，因为第二天一位副省长要来考察该镇的“城镇化”建设经验。校长认为停课不妥，违反教育规则，就委婉地拒绝了。副镇长很不高兴，回去向镇长做了汇报。镇长打电话告诉校长：“这是政治任务！要么带领师生上街打扫卫生，要么被立即撤职！”

于是，这位朋友选择了“被立即撤职”。他捍卫了教育的良心。

据《温州晚报》报道，2011 年 12 月 29 日温州市石坦巷小学举行“迎元旦 · 绿色安全行”主题活动，孩子们冒雨起舞，为坐在主席台上穿着雨衣、有人撑伞的领导表演节目。

最近一段时间，各地频现诸如此类违背教育规律和良心的人和事。其原因有二：一是某些领导（包括教育行政部门的某些官员）不尊重教育规律，不尊重孩子，并动辄上升到“讲政治”的高度来要求校长如何如何；二是一些校长缺少教育操守与坚持，不尊重老师和孩子，做出违背教育规律和良心的事。

我想，作为校长，作为孩子利益的捍卫者，作为社会良心的守护者，如果我们丢失了教育的良心，这既是可悲的事，也是可怕的事。

一个国家对待孩子的态度，也是这个国家对待未来的态度。

请捍卫教育的良心！

三

捍卫教育的梦想

十年前，我曾描述过我的教育梦：建设一所适应孩子生长的、像小林宗作先生创办的巴学园那样的学校。老师和孩子们生活在一个大树环绕的校园里，没有霸权和命令来干扰他们平静的生活。孩子们上午上课，上什么课由自己决定；下午则溜出校园，或到树林里捉迷藏，或站在树下粘知了……在那样一个自然本色的校园里，孩子们完全过上属于自己的生活。

我甚至做过这样的梦：自由，是洋溢着幸福气息的学校的唯一标志。这里，流淌着自由的泉水，弥漫着自由的空气，吟唱着自由的歌谣，孩子们享受着自由呼吸的教育！幸福，就像花儿一样开放在洋溢着浓郁生活气息的土壤里，在这些细碎的土壤里，饱含着民主平等、尊重关爱、童心童趣……

我的一篇文章——《我有一个关于学校的梦想》刊登在《人民教育》上。

有人对我说："嘿，醒醒，这里是中国。"是的，我们必须从梦中醒来，看看周围的世界为我们的学校的生存预留了多少空间！

作为校长，我知道什么样的校园更适合孩子们生长，我已在心中规划理想中的校园蓝图好多年了。但无论是在公办学校还是在民办学校当校长，我都没有机会建设一个梦中的校园。

2012 年暑假，我们得到了一些经费，开始为玉泉小学的孩子们建设一个童话长廊。在一个人的金色童年，没有什么比童话对他来说更为重要的了。因为一个阅读童话、留恋童话的人，才能一生都保持一颗童心，才能童心未泯，才能成为一个真正的人。所以，我们让孩子们天天在童话世界里行走、穿越，用美丽的童话熏陶美丽的童年！

是的，我们必须继续做梦，在中国的土地上建设属于我们自己的理想国！

三 捍卫教育的生命

刚来玉泉小学时，我观摩了一次师生安全逃生演练活动。这次活动有预案，有人员看护，有铃声指挥，以确保万无一失。我完全理解组织者的心情：我们不能在安全逃生演练活动中出安全事故，否则，该怎么交代？

2012 年秋天，我跟分管此项工作的老师说："若真发生了地震或火灾，一楼到四楼的师生是不会听从你们的指令有秩序地逃生的。到那时，一定是一片大乱。我们的安全逃生演练，就是为了防患于未然。因此，我们的安全逃生演练必须是对真实情境的模拟，不论有多大困难，都要想尽办法做到位——真实地安全逃生！"

他们非常赞同，重新开始研究和设计安全逃生演练活动。例如，逃生路线与平常的行走路线要一致，班级与班级如何分开逃生，教室内的师生如何分别快速地从前、后门逃生……经过多次模拟，2013 年春天全校师生在铃声突然响起、没有指挥、不再强调顺序的情况下进行了安全逃生演练。

安全逃生演练活动必须一学期开展一次，雷打不动。为什么？因为孩子的生命比天大，比地重，比一切学习、考试、辅导班、评"三好"、推优等都重要得多。因为没有了生命，就没有了一切！

人是教育的全部秘密。孩子的生命就是教育的生命。如果没有了孩子，国家还开办学校干什么？教育还有存在的必要吗？

一天早上在分校门口，我看到少先队大队委的八个孩子在门外迎接老师和同学，突然意识到这种安排很不妥：万一有坏人过来，孩子们将首先面临危险！于是，我立即把他们调到校内，把保安人员安排在校外；同时要求主题课程部立即做出安排，今后早上迎接师生的孩子一律待在校内执勤。

要时刻铭记孩子生命的宝贵，让我们一起捍卫教育的生命！

三

谁撞了孩子们的“腰”

这段时间我一直骑自行车上下班。原来是沿着玉泉路步行或坐车，感觉从莲石东路到阜石路是一马平川。而骑自行车后我才发现，其实地势是北高南低的，而这正是八宝山的地势。我把这个发现告诉同事们，好多人都大吃一惊。看来，我们都很容易犯自以为是的错误。

我曾看过一位当代著名教育家的文章。谈起教师的职责，他强调教师就是要在课堂上教好书、有效率。我敢肯定这位教育家没有在小学一年级的班级里待过，因为一年级的老师不仅要教书，还要做许多妈妈该做的事情。譬如，如果有小朋友尿了裤子，老师就要暂停授课，先给这个小朋友“善后”。我们的一些教育部门领导、学者、教授、专家、管理者经常自以为是地制定一些政策，说出一些话语，提出一些指示和要求，一不小心就撞了孩子们的“腰”。

法国女革命家、教育家卢森堡曾经批评一些革命者“在急急忙忙赶往伟大事业的路上，常常没心没肺地撞倒孩子”。而一些所谓的教育专家、教育决策者、教育工作者，也常常在赶往“办人民满意的教育”这一最崇高事业的路上撞倒了孩子。

譬如，前几年“一刀切”地整治乱收费，然后“削峰填谷”式地进行教育“均衡化”，现在又乱嚷嚷地喊“减负”。这些事情该不该做？回答是肯定的，它们都是应该做的。然而在具体操作上，我们往往会犯自以为是的错误，最终，大人们谁都没有损失，被撞了“腰”的依然是我们的孩子。

在欧美国家，家长为学校捐款是一种正常行为，没有什么不妥或违规之处，因为家长的捐款都会用在孩子身上。我们在学校经费不充足、不到位的情况下实行“一刀切”的办法，甚至阻碍慈善人士对学校进行捐助，最终还不是孩子们倒霉？原因很简单：没有钱，哪来的好老师、好学校、好教育？

现在媒体又开始炒作“减负”了。其实我们应该好好想一想：减负减了二十多年，为什么越减学生的负担越重？我们折腾来折腾去，不去解决根本性的问题，而频频出招揉搓老师、揉搓学校，最终还不是揉搓了我们的孩子！某地一位教育局局长问我：“为什么减负减不动？”我说：“减负能否收到实效取决于制度——树的根系不动，树叶动有什么用？要减负很简单，只要修订课程标准，降低学习难度，减少知识量，把教材砍掉五个单元或五个模块，改变升学方式，改变以考试为中心的选人模式就行。”

我们办学校究竟是为了什么？为了孩子的成长，为了民族的未来，为了国家的强大——这是根本哪！

请不要在赶往“办人民满意的教育”这一最崇高事业的路上，不顾一切地“撞”倒我们的孩子，那样最终受影响的是我们的民族、我们的国家！

拒绝无谓的牺牲

这段时间，各地陆续出现了几起中学生因下水救人而牺牲的悲剧。

这让我想起了20世纪80年代第四军医大学的大三学生张华，他为了救一位掉进粪坑里的老农民而牺牲。这件事引发了全社会的大讨论：一个大学生和一个老农民究竟谁的社会价值更大？还有因扑救森林大火而牺牲的救火少年赖宁，已经变成许多校园里的雕塑、教室里的挂像，并被写进了教科书，成为少年儿童为保护国家财产而英勇献身的楷模和表率。

由于各方面不断的灌输，我们的孩子就会形成一种价值观，即看到他人遇到生命危险或国家财产受到损坏，就会不顾一切地去救人、救物。这与教科书中不断宣扬、班队会上不断宣讲勇敢助人、不怕牺牲精神有很大关系。

我曾听过这样一件事：在河南靠近太行山的一个县，有一年起了山火，为了保护国家财产，一所学校的师生一同跑上山去灭火，结果有五个孩子被烧死。虽然当地政府和学校将他们当作楷模，但他们宝贵的生命永远不可挽回，给他们的家庭带来了无尽的痛苦。

财产和生命，哪个更重要？我认为，抢救财产不应以牺牲生命作为代价，如果有生命危险，就应放弃抢救财产，不论财产是国家的还是个人的。

在他人遇到危险时则要视情况而定。看见有人落水，如果你不会游泳，没有救人的技能，就应该马上向专业机构或有专业技能的人求援，而不是自己跳下去搭上一条命，就像几乎每年都会出现的因救人而搭上生命的中学生。

我们应该教育我们的孩子，抢救财产、救人是大人的事，未成年人不应亲身参与，因为他们没有自我保护能力和专业技能。

我们的媒体不应该将孩子救人、救物的行为作为典型进行宣传，因为人的生命是最宝贵的。如果是做无谓的牺牲，即使道德再高尚，也不值得提倡，因为命比天大。

三

是要面子，还是要里子

我曾受邀到某个地区为校长讲学，会场设在一所学校里。

这所学校可以说是富丽堂皇：主楼宏伟气派；教学楼、体育馆、图书馆、艺术楼以及宿舍、食堂等错落有致，墙体涂料用的是流行的“哥伦比亚”砖红；宽阔的广场居于校园中间，铺着莱州红大理石，绿化池子夹杂其中。

中场休息时，我怀着崇拜和敬畏之心走进教学楼。随手推开一间教室的门，我看到了一排排土黄色的老式课桌椅，它们破破烂烂的，除了前、后黑板，四周墙壁全都脏兮兮的，上面什么课程资源都没有。我去过很多学校，有相当一部分学校都像这样，从外面看起来宏伟、漂亮、耀眼，走进教室一看，差不多是“一穷二白”的模样。显然，这是我们千千万万个教室的缩影和代表！

我突然想起了访问国外中小学时的情景。从外面看，这些学校都是不值一提的，基本都是低矮的旧房子，很多不超过两层楼，也没有正儿八经的校门，整个校园看起来简朴、简单、陈旧、老派。但一走进教室顿时眼前一亮，各种教育设施、设备配套齐全，各类教学资料丰富多彩。每个细节的设计都表明学校是适应孩子的教育生活的。

譬如两个小细节：在一所小学，每间教室门口的桌子上都放着一个盒子，里面有削笔刀、铅笔盒、橡皮、剪刀等，孩子们的学习用具如果坏了，可以自己过来维修或更换，方便孩子们的学习。在另一所小学，每间教室里都有洗手池，还有镜子、洗手液、手纸等生活用品，还配备了空气自动交换系统；实验室里还有专门冲洗眼睛的仪器。

同样是投资办学，我们喜欢把学校的外观装修得很光鲜，而对教室则舍不得投入；外国人则不太重视学校外观，而把重点放在设置教室上，让学校更适应孩子们的教育生活。中外建设学校的不同理念，折射出一些中国人重功利和讲面子。

三
学校不能是个筐

一天，我看到一位班主任老师下班时背着一个鼓鼓的包，神神秘秘的。我问她原因，她说："校长，烦死了，学生的午餐费，一周了还没有收齐，也没法上缴，只能天天背着，真揪心！还有，如果有一张假币，我还得自己赔上。我们整天做这些与教学无关的事，什么时候能让我们清清静静地教书哇！"

是啊，老师的职责是教书育人。老师们不应该做这些与教书育人无关的事。作为校长，我心里很着急，但是没有办法。

在中国，学校是个筐，什么都能往里装。

随着社会的发展，政府向人民群众提供的服务和释放的红利越来越多，但没有对相应的职能做出较好的调整和优化，加上社会化服务缺位，导致大量的社会性工作进入校园。譬如，所谓"一老一小"保险，本来是保险部门的业务，而现在全部成为学校的事，每年都要做；而学校又没有人专门负责此事，只能让老师兼职应付。

除了教育部门理所当然地把各种“草”往学校的筐里装外，计生、环保、执法、宣传、消防、食品监管、土地管理、公安、司法、税务、工商等部门也要塞上一把。所以，校长和老师忙得最多的不是教育教学主业，而是社会性事务的副业。

在国外考察期间，我最羡慕的是，人家的学校是世外桃源。我曾经问过七八位中小学校长有没有上级部门给学校安排工作，他们几乎都瞪大眼睛，无法理解这个问题。国外的学校除了学区督学不定期到学校观察或访问家长、学生外，几乎不会收到任何指令和临时性工作。

创建学校的初衷是什么？显然是为国家培养合格的公民。教育这件事，需要宽空间，需要慢功夫，这样才能把孩子培养好！

只有保持学校的安静，让校长和老师安心地工作，才能保证孩子安稳地成长！

三

我们的学期问题

有一年夏天北京连续几天闷热，天气阴沉，气压低，就是不下雨，让人气闷难受。最难受的还是孩子们：马上就要期末考试了，在这样的天气里，所有孩子都在老师的带领下大汗淋漓地忙着做卷子，迎接期末考试。

一个周五的早上，孩子们刚刚到校，一个四年级的男孩突然在教室里晕倒了。我们把这个孩子抬到了课程中心，平放在地毯上。我从隔壁的办公室里拿来糖块（这是我做校长的习惯，我总是放一些糖块在办公室里，万一有老师或孩子晕倒，可以给他们补充能量），喂到孩子嘴里，再喂他一些矿泉水。慢慢地，男孩缓过劲来。显然，这个孩子由于走得太急，中暑了！

我由此想到了一个问题：中小学有没有必要把一个学期硬性规定为二十周，让孩子们在学校里一直待到7月中旬，忍受炎热的天气？

6月上旬，我们学校接收了几个从国外回来的小朋友插班就读，学习汉语。原来国外的学校6月初就已经放暑假了！

我上网查了一下一些国家小学暑假的长度：苏格兰，七周；比利时，八周；奥地利，九周；瑞典，十周；芬兰，十一周；意大利，十二周；葡萄牙，十二周；保加利亚，十六周；冰岛，十二周；马耳他，十二周；而中国，是六周。

国外小学生一年的在校时间我查不到相关资料。据我所知，香港的小学生一年在校的时间是三十周，而内地是四十周。

问题是：在校时间越长，孩子们就会受到越好的教育吗？孩子们的学业质量就会越高吗？孩子们就会越有创造力吗？目前，尚无证据支持肯定的回答。反而是那些中小学生在校时间短、接触社会更多的国家拥有更好的教育体系，比如芬兰、挪威、瑞典和丹麦，它们的教育水平一直居世界前列。

1982年7月6日，电闪雷鸣，大雨倾盆。我独自带着铺盖、干粮和纸笔，骑了二十多公里的自行车到达高密县城参加高考。那真是一段刻骨铭心的经历，至今还经常在梦境中重现。后来我发现，几乎每年7月7、8、9日三天，不是闷热无比，就是电闪雷鸣、大雨倾盆。对参加高考的学子来说，这三天都不是好日子。经过人们十几年的奔走呼号，教育部终于把高考从7月移到了6月，让高三学子更舒适地参加高考。

我们呼吁：将中小学的学期从二十周缩短为十八周，让孩子们避开酷暑和严寒，在家与父母待在一起，多参加一些社会实践活动！

三

需要安安静静地办学

一次，我应北京教育科学研究院的邀请，在一个培训活动中做了演讲。我说：“我们政府各级部门的公务员工作热情都很高，都想把工作做好，于是，千条线、万条线都穿到了学校这个‘针眼’里。据统计，9 月份我们接到了 260 个文件、16 个会议通知、20 个需要参加的活动通知。”

教育教学是我们的“天”。我们要把所有力量都用到课堂上，用在教室里，用在孩子身上，而不是别的地方。

孩子们在学校里的绝大部分时间是在课堂上度过的，因此要从改造课程出发，改革课堂教学，让课堂成为老师和孩子们生命成长的地方。这需要我们校长、管理干部安静地蹲在课堂上，和老师们认真研究课堂，研究学生，研究每一个教育教学细节，一点一滴地改进，这样，我们就会把课堂变成生命成长的沃土。开学以来我已经听了很多节课，与老师们交流、沟通，参加他们的教研活动，而且融入其中，感受他们教学成功的幸福。我感觉那是一种最美的生活状态。

在学校里，教室是孩子们生活的地方，是孩子们健康成长的舞台，因此不可小觑。大到班级组织结构、班级文化、老师与家长的合作、学科老师之间的合作，小到排座位、评先进、同伴学习、小组合作、擦黑板等，都必须想到、想细，以保证孩子们较高的生活质量。

我们学校的黑板上都挂着一块醒目的黄牌子，上面写着：“同学们，下课后首先做两件事：一是上厕所，二是喝水。”看到这里，您可能会笑：这还用提醒？然而，孩子就是要提醒啊！一天下午，一年级的级部主任告诉我：“我们班一个小朋友拉裤子了，我要给他换一套新校服，他说不换了，怕再弄臭了。”听到这里，我笑了。这就是小学呀，老师们就需要这样事无巨细地工作。

学校不是世外桃源，一定会受到各级部门的管控，受到各种因素的影响。如果没有坚定的教育理念，并坚守这一理念，我们就很容易变得浮躁起来！

今天，我们特别需要安安静静地办学。

三

无声的课程

判断一所学校是否优质，我认为不是看考试成绩或升学率，而是看校风。譬如，有的学校通过暗箱操作让全体学生“考出”优秀的成绩，在一个区域内遥遥领先。然而，他们在取得“好成绩”的同时，也教会了老师和学生们如何弄虚作假、如何作弊骗人、如何投机取巧……

校风就像一匹野马，如果驾驭不好，就会失去控制。

在山东时，有一天晚上我到一所高中访问，与分管学生的副校长刚聊了一会儿，他就急忙跑到操场上去捉谈恋爱的学生去了。用捉的办法解决青春期孩子的恋爱问题，能行吗？我还见识过一所初中，这所学校的男孩子有一个“传统”，就是合伙偷自行车，他们每年至少会犯一个案子。奇怪的是，换了好几任校长也没有把这一校风纠正过来。一所学校学生考试集体作弊、谈恋爱成风、偷窃、喝酒、打群架等不良校风一旦形成，不是短时间内能够改变的。

所以，学校必须重视校风的建设和维护。

玉泉小学素有“认真、严谨、扎实”的校风，这既与学校是军队子弟学校的出身有关，也受到创办者罗荣桓元帅本人做事风格的影响。几十年来，优秀的校园文化不断传承，形成了良好的校风。但这还不够，校风就像一棵大树，在不同的季节还要注入新的营养，并时时维护，才能始终生机勃勃。如果这棵大树有了虫子，有了斜枝，有了干叶，就要动手除掉。

维护良好的校风，一靠制度，二靠课程。

制度是校园正常运转的守护神。譬如，我们学校在学年初海选出十五人组成教师决策团，由它来决定学校中的一切重大政策和事项，保证校园生活的民主、公平与公正。这是维护良好校风的根本所在——靠制度治理而不是靠人治。

课程是保证和促进学校良好校风的关键。我在北京市十一学校看到男女同学肩并肩从校园中走过。这在那儿是一种正常状态。校长从来不去操场上捉谈恋爱的学生，反而专门设计课程让男生、女生到操场上手拉手。丰富多彩的课程让男生、女生之间的交往变得理性起来。2011 年我来到玉泉小学，到目前为止已经送走了三届毕业生，可以说这些毕业生表现得相当优秀，这在一定程度上得益于我们设计和开设了完整的离校课程。

校风是无形、无声的课程，会深深地影响在这个校园里生活的每一个人。

三

让学校适应孩子

我们发现，在相当多的学校里，孩子们并没有感觉到愉悦和幸福，他们学得很苦，活得很累，甚至厌学。孩子们喜欢求知但不喜欢去学校，喜欢读书但不喜欢上语文课，喜欢探索科学奥秘但不喜欢学数、理、化，喜欢运动但不喜欢体育课……我们的学校到底怎么了？课堂到底怎么了？

四百多年前，捷克一位伟大的教育家夸美纽斯提出了“班级授课制”理论，奠定了今天学校的模式——孩子们来到叫作学校的地方，几十个孩子集体生活在一间教室里，使用统一教材，由教师集中统一授课。班级授课制用较少的教师便能解决众多孩子上学的问题，为普及大众教育提供了可能。

但班级授课制走到今天，其弊端日益显现。今天的教育实际上是让孩子去适应学校，学校里大人们设计的一切细节、学校的运行方式，几乎都是让孩子们无条件服从，孩子们不能选择自己喜欢的课程，不能选择自己喜欢的老师和教室，不能选择自己游戏的时间和项目……看似日益成熟的教育教学模式越来越趋向于功利化和工具化。当我们把教材、作业、考试等用来促进人发展的手段当作教育的目标来追求的时候，孩子们也就越来越失去自由。

我始终抱有这样一个梦想和追求：让学校适应孩子，而不是让孩子适应学校！

让花花绿绿的校园成为孩子们流连忘返的地方！让资源丰富的教室成为孩子们高质量生活的场所！为每一个孩子设计可以自由选择的课程！让孩子们拥有幸福的课堂！这样多好！

只有让学校适应孩子，师生的幸福指数才能不断提高，我们才能创造出真正的优质教育。

三

校园必须是个充满人道主义精神的地方

夏日里的北京，气温达到30℃以上，十分炎热。下午第一节课，我经过操场时看到老师和孩子们在学校搭建的凉棚下上体育课，他们或做游戏，或组织活动，我心里甚为欣慰——至少，孩子们不用再在烈日下暴晒了。

烈日炎炎、酷暑难耐的时候，我坐在装有空调的办公室里看到孩子们在烈日下上体育课，晒得小脑袋流汗、发光，心里隐隐作痛。但是，我们学校没有风雨操场，实在没有办法。

2012 年春季，我到台湾考察学校，看到一所学校用绿色的网子搭建了一个凉棚，下面停放了许多汽车，我突然想到了我们的操场——如果我们也搭建一个凉棚，孩子们不就可以不被晒了吗？我拍了相片带回学校，与同事们分享了我的想法。

2012 年操场重建时，我们就邀请了一家设计院为我们做凉棚设计，并在操场施工时预埋了凉棚搭建基础。2013 年春季开始施工搭建凉棚，经过三次试验，终于获得了成功。

前些天清华大学的一位老师带领来自重庆、河北的五十多位校长来我校参观。他一上来就说："我走过许多学校，发现只有玉泉小学为孩子们搭建了上体育课的凉棚。这说明这是一所充满人道主义精神的学校，值得我们尊重和学习！"

我经常对学校管理者说的一句话是，我们要"心里有老师，眼里有学生"。为什么？学校是育人的地方，是让人获得尊严和幸福的地方，所以校园必须是一个充满人道主义精神的场所。只有如此，我们才能培养出真正的人。

三

学校里的重女轻男问题

我曾观看过一所小学合唱团的演出，四十多个孩子中只有八个是男孩。我们学校的大队委是前几天竞选出来的，他们正在实习，准备上岗，我看也是女孩居多。我分析过一次期末考试成绩，女孩的平均分高于男孩大约三个百分点……至少在九年义务教育阶段，学校基本上是女孩的天下，由此衍生出大量重女轻男问题。

显然，女孩在生理、心理和社会性发展上要早于、快于男孩。譬如口头表达能力，总体上女孩明显强于男孩，这是一个无法改变的事实。但我常常想，除了这些事实，还有哪些因素加剧了男孩弱势地位的形成？

在设计适性课程时，我发现很多课程是适合女孩的，譬如民乐团、舞蹈团、合唱团、口琴团、京剧团……当然，也不排除部分男孩会喜欢这些课程。然而，对大多数男孩来说，适合他们的课程显然太少了。

我与负责设计课程的女老师们开玩笑说："为什么为我们男人准备的课程这么少？你们这是在歧视我们男人！'重女轻男'！"

她们也笑了起来，承认没有想到这一点。于是，这个学期除了原来男孩喜欢的航模、航海、小机器人等课程，我们又增加了武术、旗舞、轮滑、围棋、国际象棋、中国象棋等课程。这些也是大部分男孩比较喜欢的课程。

在小学，校长、管理干部、老师等绝大部分都是女性，他们的群体性别特征容易使他们在课程设计和教学方式等方面忽略男孩的适应性，从而不自觉地将男孩置于弱势地位。男孩一般比较调皮捣蛋，喜欢恶作剧，坏主意多，甚至会欺负女孩，老师不喜欢，同学不高兴。学校评选"三好学生"或推选班干部时，一般最低的标准是守规矩，而这是女孩的优势；评选方式也是以演讲为主，这也是女孩的长处。如果看谁动手能力强，看谁创造力强，看谁点子多，可能男孩更占优势。但是，囿于我们的惯性思维和传统习惯，我们常常忽视男孩的特点，而让教育失去均衡。

男孩和女孩都是国家的未来，重男轻女不好，重女轻男也不好。既然问题出在学校和我们教育工作者身上，我们就需要反思和行动！

三

将考试变成课程

只要学校存在，考试就会存在。考试本是天经地义的事，只不过我们把考试异化了，将其等同于应试教育，让老师、学生和家长纠结起来。

其实，就在我们对考试大加抨击的时候，美国各州组织的学业水平考试正在如火如荼地进行。我参访了洛杉矶的两个学区以及学校，他们的老师、家长、学生和社会各界将学校组织学业水平考试视为常态。与我们不同的是，加利福尼亚州的学业水平考试非常科学。该州已把考试目标、内容、难度、形式等制成标准，这样，学校的教学就具有明确的指向性、秩序性。而我们的考试往往今年的题一个样，明年的题另一个样，随意性太强，没有规律，没有标准，没有重点，没有模式。学校应试就像大海捞针，其结果是累倒老师、难倒学生、急死家长。

北京市海淀区实行了小学六年级学业质量监测，发布了监测标准、模式和流程。我认为这是一个非常好的做法，它既不同于原来的随意考试，又为学校教学提供了一个检测指标，学校可以据此改进教学。

然而，考试对学生来说仅仅是考试吗？学生参加考试仅仅是为了获得优秀的成绩吗？如果是这样，我想考试就会失去应有的价值。为了避免这一点，我们把考试做成了课程。

考试课程就是为了在组织学生认真应试的同时，实现以下课程价值：人生旅途中总有几个关键的拐点，我们要让孩子们明白，面对人生拐点，我们需要勇敢，需要有方向感，需要有毅力，需要有恒心，需要坚持到底。小学六年级学业质量监测和小升初就是孩子们人生中的一个拐点，学校先后召开了全体教师“向教学进军”启动大会、两次家长助学会议和两次学生动员大会，引导孩子们正确地看待考试，平和地对待考试，不留遗憾地完成考试。借助学校点燃的火把，在六年级老师们加薪加油的助推下，孩子们学习的热情空前高涨，进入一种良性发展状态。

为了给孩子们鼓劲，我们提出了一个奖励方案，奖励考得优秀和进步幅度大的学生。课程发展部的老师跟我说，最后一次模拟考试就不奖励了。我同意了。但到了第二天早上，级部主任匆忙地找到我说："校长，不奖励还不行啊，孩子们都把本次考试的名次统计出来了！"我笑着说："继续奖励！"孩子们确实进入了一种良性发展状态。

奖励也很简单，花费五毛钱买一张奖状，郑重地发给孩子们。

12 月 31 日是欢乐新年节课程，其他年级的孩子们在说说笑笑地过节，六年级的孩子则在老师的带领下复习。我走遍了六年级的八个班，与孩子们交流时，我问："别的同学在热闹地过节，你们却在学习，是不是心理不平衡？"一个孩子回答我："是有点儿。但我们是六年级学生，马上要参加监测，必须放弃过节，先做重要的事。"孩子们的淡定与沉稳还表现在监测过程中，那天是外校老师来监考，他们都对我们的孩子大加赞扬。

一周后，全区监测成绩发布，孩子们的成绩很好，他们在准备监测的过程中形成的自律、沉稳、坚持、上进等优秀品质起了重要作用。

监测过后，我对全体老师说："如果我们只是监测成绩很优秀，这并不值得炫耀。当我们把考试变成一门课程的时候，考试就具有了教育价值，因为孩子们将来会把在小学六年级学业质量监测准备过程中形成的优秀品质迁移到中考、高考等所有人生拐点中去。"

三

为孩子们吃好饭而斗争

来到北京后，我了解到家长和孩子们对学校最不满意的是吃饭问题。

北京的特点是生活节奏快又到处堵车，家长中午回家亲自为孩子做一顿可口的午餐是不现实的，所以大约 98% 的孩子选择在学校里吃午餐。如果学校没有食堂，仅仅依靠营养餐公司配餐，我们就只能保证孩子们用餐安全并能够吃饱。然而，吃不好也就意味着吃不饱。

对一个正在长身体的孩子来说，其实吃饭远比学习更重要。如果没有好身体，将来肯定会受很大影响。

于是，我为孩子们吃好饭而斗争了三年。

第一年，学校先与租赁学校房屋的承租方解除协议，让其限期迁走。原来学校为了筹措教育经费，把一排房屋出租了。我们是幸运的，碰到了一个讲道理的商家，虽然经历了许多波折，但终于成功地让商家腾出了空间。

第二年，争取资金。我们非常幸运，赶上了北京市政府鼓励学校办好食堂的政策春风，海淀区给予了大力支持，很快落实了修缮和设备资金。2013 年暑假开工后，学校天天与施工方协调、争论，又经历了许多波折：周边居民告状，执法部门先后来了十次，拉走施工设备，张贴停工通知单。没有办法，我找到上级领导，再找到街道办事处领导，通过现场办公、多方协调，食堂总算改造成功。遗憾的是，未能在开学时启用食堂。

第三年，经过一个寒假的筹备，2014 年春季开学时食堂投入使用。但却赶上闹人工荒，食堂人手不够，再加上经验不足，对饭菜的数量估计不足，而且孩子们第一次在学校里吃上可口的饭菜十分兴奋，大快朵颐，迅速光盘，导致好多孩子没有吃饱或没有吃过瘾。一些家长发来邮件表示批评，说了一些不中听的话。我说：“总要试运行一周，才能找到规律，才能慢慢做好。如果要求过高，我看只有回去吃营养餐！”说得家长赶紧回信道歉，支持学校探索。

为了孩子们的这顿午餐，我以山东人不屈不挠的性格斗争了三年，得罪了不少人，总算让食堂开伙了。

有一天在分校工作时，我到一年级的教室里转了转，看到孩子们吃得很香，我问：“好吃不好吃？”孩子们几乎齐声回答说：“好吃！”王老师告诉我：“看看，这位已经吃饱了，还来添饭、添菜。”男孩笑了：“老师，我虽然吃饱了，但还想吃！”

后来，我们对食堂工作又进行了研究，我叮嘱管理人员，要不计成本，不惜汗水，让孩子们吃饱、吃好。相信过一段时间，随着我们经验的积累和对流程的改造，午餐供应就会正常。那时，我们就能让玉泉学子在学校里享用丰盛的午餐，长成强壮的身体！

三

为孩子培育一棵教育的大树

我们学校这段时间在建设新食堂。本来想在暑假里加快建设速度，让孩子们开学后能够吃上可口的饭菜。然而，我们太天真了，执法部门先后来了十次，张贴停工通知单，让我们停工。

交警部门要求拉砂石料的车辆白天不准进入五环以内，显然这是对的；而环保部门要求晚上不准卸料、不准施工，因为噪声会扰民，显然这也是对的。白天施工？怕交警罚款。晚上施工？怕扰民。一个不让白天进，一个不让晚上干。砂石料应该什么时候进来？如果砂石料进不来，怎么施工？孩子们何时能吃上可口的饭菜？

社会上诸如此类的事情太多了，我们正生活在众多两难之中。

譬如，各级部门不断要求减负，不准考试，不准留作业，我们举双手表示赞同。可是，我们的课程标准不变，教材还是那么厚，知识仍是那么难，还要通过考试进行选拔，负担怎么减？减不好，孩子成绩下降，上级不满意，家长不答应。这是一件两难的事情！

再如，上级教育部门要求学校均衡编班。何为均衡编班？我认为均衡编班的标准是，每个班的小朋友在智力水平、学业程度、习惯、社会性发展等方面都差不多。然而，要做到均衡编班，就必须对每一个小朋友的智力水平、学业程度、习惯、社会性发展、家庭背景等进行摸底，或者说进行前测。然而，对孩子进行测试，又是教育部门明令禁止的。如果不对孩子进行测试，如何了解每一个孩子的基本情况？不知道每一个孩子的基本情况，又如何实现均衡编班？这也是一件两难的事！

这些两难的事，我们绕不过，也躲不过。

在这样两难的境地中办学，我们需要特别小心，不管受到什么因素影响，都必须坚持教育理念，坚定办学方向，浇水、施肥、修枝、捉虫，为孩子们把学校这棵大树培育得枝繁叶茂、硕果累累！

Ⅳ 尊重儿童

三

我们让孩子走向哪里

十几年前，一个孩子考上大学不仅可以改变自身的命运，还可以改变家庭的未来。因为那时国家包上学，包分配，包住房……考上大学就意味着过上了令人羡慕的公家人生活。许多人，包括我都是这种高考制度的受益者。

今天，时代变了。随着政治、经济、文化、教育改革的不断深化，大学数量增加，并连续扩招，大学生不再是稀有资源，国家不再包分配，机关和事业单位也“逢进必考”。2009 年国家公务员考试录取率仅为 1.75%，全国有 610 万大学生毕业，加上往年未就业的大学生，约有 800 万人需要找工作。据《齐鲁晚报》披露，2009 年山东省应届高校毕业生就业签约率仅为 8%。一个孩子好不容易考上大学，家人勒紧腰带供了四年，毕业了，挣了一副眼镜回来，工作却没有找到——一半原因是“不想干”，一半原因是“干不了”。于是，他们待在家里成了“啃老族”“宅男宅女”。

对这种现象，我的看法是：家长如果真正关心孩子的命运，就不能把赌注押在传统的高考竞争上，而要押到他们将来的就业及创业能力上。最终，是自信心、智慧、批判性思维和创新能力决定了一个人的核心竞争力！

哲学家斯宾塞曾说，教育是为受教育者未来的美好生活做准备。的确，教育具有超现实性，因为今天的教育是为明天培养人才的。或者说虽然孩子面对的是今天的社会生活，但他要应对的却是将来的社会环境。从这个意义上说，教育是一种应然的事业，我们需要仰望星空，需要怀揣理想主义，需要创造一种充满浪漫主义的教育生活。唯有如此，我们才能真正对孩子的一生负责。如果学校、家长和社会过于功利化，过于讲究实用主义，甚至试图为今天的社会需要而培养孩子，那么我们的教育生活必定会被“异化”——我们自觉不自觉地替孩子们设计了一种急功近利的生活，而没有看到明天的社会需要什么样的人才！

我们做老师和家长的，必须改变传统的教育视角。

我们的教育理念是“让每一个孩子拥有幸福人生”。这不是一句口号，而是一种实践活动。我们追求和打造的正是让孩子将来拥有幸福人生的教育生活，而不仅仅是分数和考试等手段。如果我们把培养孩子的目标只局限在考试成绩上，那么我们就不可能给予他们幸福的人生。

教育不是工业，孩子不能像制造零件那样通过生产车间工艺流程批量生产。教育是农业，需要阳光雨露，需要精耕细作，需要走过春天、夏天和秋天这样一个漫长的过程，才能得到丰收的喜悦。对一个农民而言，种一亩地和种十亩地是不一样的，一亩地的产量和十亩地的产量也是不一样的。对一棵庄稼来说，多施一遍肥、多浇一遍水与少施一遍肥、少浇一遍水，其果实的饱满度也是不一样的。

到了我们好好为孩子思考和设计“人生走向”的时候了！

三

学校里处处都是教育

有这样一句话：学校无小事，处处是教育。

什么是教育？周五是学校的航空航天节课程，我们组织了全校一至五年级的孩子去北京昌平的中国航空博物馆。五十辆车浩浩荡荡地开到了那里，孩子们走进山洞里的机库参观、听报告，瞻仰飞行员烈士墙，观察各式战机……回来时，每个孩子都拿着一份航模材料，回家自己动手制作。这一课程，有指向，有内容，有形式，有评价，完全符合课程标准，是典型的教育行为。

但有一个年级没有去，留在了学校，没有机会接受这样的教育。

六年级的级部主任张老师跟我说："快要参加小学六年级学业质量监测了，我们问了孩子们，是不是这次航空航天节课程就不参加了，孩子们同意了。我们可不可以不去了？"我没有犹豫："不去就不去，留下来也是一种教育。"

后来，学校召开六年级全体学生会议，我特意表扬了孩子们。

去参加航空航天节课程是一种教育，而没有参加，留下来学习，也是一种重要的教育。试想，一个人在一生中并不总是一帆风顺的，会面临许多挑战和诱惑。在一个时间节点，敢于拒绝诱惑而专注于最重要的事，是否也是一种品格和意志的体现？而养成这样的品格和意志的机会并不多，这次正是天赐良机。我之所以同意六年级师生的要求，不是为了什么监测成绩，而是为了借此培养孩子们的品格和意志。

学校无小事，处处是教育。话虽这么说，但是在实际的校园生活中，我们常常忽视那些自认为不是教育的重要教育。

孩子们来到学校与伙伴一起建立组织，相互交往，相互关照，这是一个社会化的过程。在这一过程中，我们教育工作者要时时处处小心，这样才能为孩子们创造自然的、本真的、适宜他们成长的学校教育生活。

学校里，处处都是教育。

三

必须敢于让孩子犯错误

一天上午，我听了石老师的一节语文课，评课的时候我说："我们必须敢于让孩子犯错误，因为失败是成功之母。"

这篇课文的写作线索十分明晰。石老师对课堂教学进行了预设，在课堂上试图让孩子们通过快速阅读、小组讨论的方式将写作线索总结出来。但是，孩子们的总结往往很难完全达到我们所预设的目标。这个时候，不能等着孩子们给出一个正确的答案，而应该把他们错误的结果板书出来，让他们去比较、鉴别、修正、醒悟、升华……

人只有不断地犯错误，才能变得更聪明、更理性、更有智慧。我们老师和家长必须明白，教育的过程，或者说人成长的过程，就是一个不断犯错误、修正错误，从而走向理性和成功的过程。

如果我们不允许孩子犯错误，我们的教育就不存在了——孩子看上去是在接受教育，其实是在接受一种虚假的教育，因为他的智慧没有生长。

据美国媒体 2012 年 6 月 3 日报道，美国五年级的小学生泰勒日前为了和父亲一起去听美国总统奥巴马的演讲而逃课。不过他完全不必为自己违反校规的行为担心，因为奥巴马亲自为他写了一张请假条。

事情是这样的：6 月 1 日，奥巴马来到位于明尼阿波里斯市附近的霍尼韦尔公司演讲，泰勒和他的父亲当时都在场，泰勒还十分荣幸地站到了第一排并得到了与奥巴马握手的机会。

“总统先生看到我的时候对我说：‘你今天一定没有去上学。’于是他拿出一个笔记本和一支钢笔，当着我的面帮我写了一张请假条，最后还在末尾签上了他的名字。”泰勒兴奋不已地说，“我简直太荣幸了！我迫不及待地想让全校同学都知道我得到了总统亲自签署的请假条。”

在这张请假条上，奥巴马简明扼要地写道：“阿克曼先生（泰勒的老师），请原谅泰勒的缺席，因为他当时和我在一起。贝拉克·奥巴马。”

从学校纪律的角度说，逃课是一个严重的错误；而从教育学的角度看，逃课又演变成一个关键事件，成为一次重要的教育机会。

要成长、成熟，不论是大人还是孩子，都需要犯错误。如果理解了这一点，我们老师和家长就不会跟犯错误的孩子叫板了。那时，真教育才会发生。

三

不宜在公共场合批评孩子

在教室前、操场上、小餐桌旁和宿舍里，我们经常见到老师站在那里批评孩子。老师气呼呼地、喋喋不休地在说着什么，孩子脸红脖子粗，小心翼翼地、低眉顺眼地在听着什么。其他孩子看一眼就匆匆走过，学校领导、管理人员和其他老师也装作没有看到，甚至赶紧躲开这种尴尬的场面。

“让每一个孩子拥有幸福人生”的红字，映衬着我们充满诗情画意的校园，这一幕与之是多么不协调、不般配呀！

老师们，难道你在这个年龄段没犯过错误？难道你没有“享受”过被老师当众批评的滋味？即使七八岁的孩子犯下了比较严重的错误，即使你有一千个批评、教育他们的理由，你也没有必要采取这种方式啊！你是不是未加思考就轻易滥用了教师的权力？

有的老师觉得，当众批评孩子是一种比较好的教育方式，可以让孩子无地自容，牢牢记住不再犯错误，这样做没什么不妥。

在公共场合批评孩子会伤害孩子的自尊心。我们都有这样的感受：在公共场合遭受别人的指责与批评时，会觉得很没面子，自尊心很受伤，即使是自己错了，也要无理争三分，试图争回自己的面子。孩子也是人，有和我们一样的感受，被老师当众批评时显然也没面子，但他敢怒不敢言，只能压抑自己。长此以往，孩子的自信心、上进心、羞耻心慢慢就没有了，他就会破罐子破摔。这样的教育方式，达不到我们预想的效果。

在公共场合批评孩子，会让人觉得批评者不够理性。一个优秀的教师一定是一个十分理性的人，他不会轻易把自己的好恶、自己的情绪施加到孩子身上。在小学阶段，教师在管理孩子时不能仅仅批评教育，更要善于拿起赏识的武器。

当然，不是说不能批评孩子。要达到良好的教育效果，要维护教师的形象，请采取更好的教育方式！

三

我们的眼睛里究竟有没有孩子

“我们的眼睛里究竟有没有孩子？”每当我向教育同行询问这个问题时，得到的答案总是肯定的：我们的眼睛里当然有孩子啦，因为孩子是祖国的未来、民族的希望。看，我们制定了课程标准，免费发放了教材，招聘了老师，配置了齐全的教学器材，甚至耗费巨资对校舍进行安全加固……

遗憾的是，如果你细细观察，就会发现，有时我们的眼睛里根本没有孩子。

一次到某地一所名校参访，课间我去如厕，看到一年级的小朋友努力地踮起脚尖，好不容易才把尿撒到小便池里——因为小便池比较高，是为成人准备的，孩子们够不到。我们校园的设计者、决策者、建设者的眼睛里往往没有孩子，他们想到的往往是自己的政绩，他们往往认为学校是给领导、外面来参观的人看的。

再看看上级部门配发下来的篮球架，它们高高地矗立在那里，五年级的孩子才能勉强投篮。我经常见到低年级的小朋友在篮球架下瞎折腾，忙活半天投不进球，然后很不甘心地离开。我们的篮球架让孩子们备受打击而不是感受成功。

还有校园里那些高大的垃圾桶，小孩子根本无法轻易地把垃圾倒进去。一旦垃圾掉到外面，班级就会被扣分，这让孩子们很郁闷。

诸如此类的细节在我们的校园中比比皆是。

一位家长向我反映，说学校篮球队的几个孩子脚后跟疼，去看医生，医生说没有什么大问题，喷点儿药水就行，并要求减少活动量。篮球队的孩子怎么能够减少活动量？他们前几天刚刚打进全区前八强，还要争名次呢。

其实，2011 年我来到学校时就发现了问题。因为校舍加固破坏了运动场，坚硬的水泥地面全部裸露出来，分校篮球场上则铺上了砖头。这样的场地一定会对生长中的孩子们的踝关节造成负面影响。无疑，学校篮球队的孩子们脚后跟疼，地面过硬是原因之一。

好在上级已经下拨资金用于修复塑胶场地，只不过因为程序问题，要等到暑假才能完成。而 2012 年我坚持将分校篮球场修复列上预算，准备拆掉砖头，铺设塑胶场地。课程服务部的老师们积极开展工作，已经在规划和准备施工，争取暑假建成一个适合孩子的标准篮球场。

在许多学校里，你都会发现这些司空见惯而被我们忽视的现象。这反映出我们的眼睛里根本没有孩子。更可怕的是，我们不仅眼睛里没有孩子，还经常把孩子当作工具使用。譬如，网上曾爆出湖北省孝感市某校，为了提高高三学生的高考分数，在教室里为他们集体注射氨基酸。

如果我们的眼睛里没有孩子，我们就已经不是在做教育了！

三

我们能不能不把孩子当“敌人”

一天，有一个孩子把一张纸条悄悄递到我的办公室里。我展开一看，发现又是某位老师做了挖苦、讽刺等摧残孩子心灵的行为，孩子请求校长援助。

有些人乐于把孩子当“敌人”对待，于是想出了许多不人道的招式来体罚或变相体罚孩子。

《中华人民共和国未成年人保护法》对体罚行为是这样规定的："学校、幼儿园、托儿所的教职员工应当尊重未成年人的人格尊严，不得对未成年人实施体罚、变相体罚或者其他侮辱人格尊严的行为。"如果孩子和家长对实施体罚与变相体罚的老师不客气，到法院去起诉他，他就将面临法律的制裁。

发展心理学告诉我们：一个人在儿童时期心灵受到创伤，其人格可能就会扭曲，从而一直影响到他成人后的生活，给他的一生带来不幸。有的人之所以对自己的小学老师耿耿于怀，痛恨终生，就是因为这个老师曾经给他带来过灾难性的心灵伤害。

体罚和变相体罚孩子可以轻易地毁掉他的人生！

有的老师已经品尝到了体罚和变相体罚带来的恶果。某校一名老师抡起文具盒打一个孩子，结果一个圆规从文具盒里飞出来，将另一个孩子的眼睛扎伤。这个孩子将痛苦一生，这名老师则被开除。

体罚和变相体罚对孩子有什么好处？对老师本人有什么好处？对学校有什么好处？

当一件事有百害而无一利的时候，我们就应理性对待，坚决拒绝！

三

我们如何减负

清明时节，春风荡漾，桃红柳绿，我想起了小时候干的农活——种地瓜。种地瓜时最累人的事，就是从三里地之外的水井里取水、挑水、浇水。我的一位叔伯哥哥，长得人高马大，挑起水来总是一路小跑。随着他轻盈的脚步，扁担晃晃悠悠，两只水桶上下跳跃。那不是劳动的累，而是劳动的美！而对我这样的弱小者而言，挑起水桶真如挑起千斤重担，半路上常常要喘气、歇息，让我不堪重负。遇到这样的农活，弱小的我就直害怕。

我想到了今天孩子们的学业问题。老师同样布置八道数学题，有的人感觉很轻松，有的人感觉很困难，有的人感觉不多不少正好，就像挑水一样。所谓学业负担其实是一个普遍问题，而个体的学习是非常个性化的。显然，不注重个体差异的减负并不科学，也不人性化。

1964 年，彭真在北京市一份关于学生负担过重的报告中指出，学校的“婆婆”太多，谁都可以对学校发号施令，谁都可以提出一个标准对学校进行评价，这样一来学生的负担自然就重了。后来，连毛泽东主席都发话了：“现在课程多，害死人，使中小学生、大学生天天处于紧张状态。”这两位领导人的话既十分严厉，又一针见血。然而，减负从那时开始喊了这么多年，减了这么多年，直到今天，学生的学业负担不是照样过重吗？

可见，减负绝不是发一个号召、喊一句口号那么简单，也不是开会、检查、督导、通报就可以解决问题的。如果我们不能找准问题的根源，不能找到减负的真正方法，任凭减负的风刮来刮去，就会让学校和家长无所适从，甚至连基本的教学质量也保证不了。

如今，中考、高考依然竞争激烈，我们必须研究在这样的体制下实现减负的策略。我们认为，要真正减负，就必须让孩子们做个性化的选择——能够挑起五十斤的就选择五十斤的担子，能够挑起一百斤的就选择一百斤的担子。只要孩子们各得其所，就是一种适性教育，就是让每一个孩子幸福成长的教育，就没有负担过轻或过重的问题。

我们学校的教育目标是“实施幸福教育，培养‘德如玉，智如泉’的玉泉学子，让每一个孩子拥有幸福人生”。围绕这一目标，学校建构起幸福教育课程体系，从课程“变轨”出发，推进幸福课教学，促进课堂“变脸”，从而提高课堂学习效率，让孩子们幸福地学习和生活。其中的核心策略是让孩子们根据自己的情况做出不同的选择。

一是对课程的选择。玉泉小学的课程体系由国家课程和适性课程组成。我们对国家课程实行校本化改造，让教学目标和教学内容更加适合不同层次孩子的学习需求。譬如，在语文教学中推进“双主题统合教学”，在数学教学中推进分层课程、引桥课程和节点教学。适性课程则完全由孩子自主、自由选择。譬如，每个学期的十大好玩课程，就是由全体孩子自主选择的。孩子自己选择的课程，往往是孩子喜欢的课程。只要是自己喜欢的课程，学习起来就没有嫌累的，也就没有负担过重的问题。

二是课堂上的选择。我们提倡“结伴”学习，建立起了“走位”机制。“结伴”学习是小学最为有效的学习方式之一，特别适合低年级和中年级孩子，高年级孩子则可以在“结伴”学习的基础上进行小组合作学习。“结伴”学习不仅考虑到了孩子们的学习水平问题，更重要的是考虑到了他们的情感和社会性因素。“走位”，就是在语文、数学、英语等不同学科的课堂上，孩子们可以根据兴趣爱好重新“结伴”学习。

三是对作业的选择。老师布置家庭作业是随便指定一些习题吗？如果是这样，就只能增加孩子们的负担。家庭作业是根据课堂学习时孩子们出现的问题来确定的，目的是实现对所学内容的巩固、延伸和迁移。这样的家庭作业才是有效的作业。我们一直倡导布置作业要分不同的水平和层次。我们通过教师团队工作，研发出分层的作业，让孩子们做出不同的选择。

四是对评价的选择。考试是检测教学质量的方式之一，考试成绩是评估教师的教和学生的学的手段。只要学校存在，放弃考试或回避考试都是违背教学规律的。过去十年，芬兰在经济合作与发展组织每三年举办一次的国际学生评估项目中，数学、科学、阅读能力一直名列前茅。芬兰的小学生也有考试，但考试不是统一进行的，而是提供多套难易不同的试卷，让孩子们根据自己的实际情况做出选择。我们现在也开始尝试期中、期末检测时向孩子们提供多套难易不同的试卷，让孩子们做出选择。

教育的前提是自由，自由的前提是选择。从这个意义上说，没有选择就没有教育。同样，没有选择就永远解决不了学业负担过重这一顽疾。

关于“公”与“私”的教育

傍晚我在楼下散步，看到几位老奶奶领着孙子、孙女在小公园里的桃树下面忙活，她们举着孩子，拽下树枝让孩子去摘残留的几个毛桃。

我想起了在美国加利福尼亚大学校园里见到的一幕：两栋学生宿舍楼之间有一条路，路两边是橘子树，上面挂满了橘子，有很多已经熟透落地，但是匆匆走过的人们对唾手可得的橘子熟视无睹，没有一个人去摘了吃。

有人说，外国有个加拿大，中国有个“大家拿”。为什么会出现这样的现象？我想到了教育。

我们一直在进行有关“公”的教育，倡导“一心为公”“大公无私”“公而忘私”“天下为公”等，教育孩子们为了“公”可以牺牲或奉献自己的一切。这是一个十分美好的愿望和追求。然而，在实际生活中，如果没有法制做保障，如果人们的境界还没有那么高，“公”就会成为“私”的温床，滋生出无数利己主义者。所以，在我们的公园、空地、街巷等公共场所，凡是有果树的地方，往往果实还未成熟，就被大家摘走了，因为那是公家的、大家的，不摘白不摘。

而美国是一个十分注重有关“私”的教育的国度（法律保护个人私利，个人也维护自己的权利）。孩子们从小就知道，属于自己的私人财产，受法律保护。强调“私”的教育的结果是，大家都信奉“我的东西你不能随便动，你的东西我也不随便拿”。所以美国同行告诉我，这些橘子树属于公有财产，不属于我自己，所以我就不能去摘橘子。

教育的根本目的在于让人成为人，成为合格的公民。在推进法治建设、践行社会主义核心价值观的今天，我们应该如何对孩子进行有关“公”与“私”的教育？

三
家 规

中央电视台曾采访过很多路人，询问他们的家规。在镜头面前，有的人唱起了高调，有的人不知所云，有的人说得不着边际。

其实，每个家庭都有自己的家规或者说一代一代传承下来的家庭文化。但是，要在镜头前用几句话高度概括出来，对每一个人来说都是一件很难的事。

我认为，家规就是父亲的脊梁和母亲的唠叨，很多时候只可意会，不可言传。

20 世纪 70 年代，生活十分困难，看到空间局促的小土屋和四个未成年的儿子，父亲下决心盖新房子。父亲带着我和弟弟去峡山水库库里（水位降低后露出的地面）寻找无主坟墓，然后从坟墓里扒出砖头，拉回家准备做建筑材料。干完活已经是下午了，我们既累又饿，筋疲力尽。但父亲拉车时高大的身影和不屈的劲头，永远留在了我的心中。这就是无形的家规——作为男人，你要承担起应该承担的责任！

我们的邻居是一位孤寡老人，住在生产队的场院边。他经常到我家来做客，其实就是来向我母亲寻求生活上的帮助和支持。一天晚上，我们一家正在吃菜豆腐，在生活困难时期那是相当奢侈的食物了。老人来了，要借剪子修理胡子。母亲盛上满满一碗菜豆腐给他，老人蹲在地上一边吃一边说“真好吃啊”。我们哥儿几个都不愿意了，因为我们还没有吃够呢。为这事，母亲唠叨了我们半天：“你们还有机会吃到菜豆腐，而七十岁的老人，吃了这顿可能就没有下顿了。吵什么？再吵就该挨揍了！”母亲留给我们的无形的家规就是，为人要善良，要善待和帮助别人，要尊老爱幼。

绝大部分普通家庭不会刻意给孩子立什么家规，实际上立下家规往往也没有用。家规在父母的言传身教里，在父亲的身影中，在母亲的唠叨中，流淌在自己的血脉里，印记在自己的心坎上，呈现在自己的行动中。

是教育大，还是教学大

一位朋友来学校找我时，正碰上学校的泥巴节。看到孩子们兴高采烈的样子，她说：“我想起了我儿子在小学因为玩泥巴挨批评的事。你们竟然让孩子们在校园里玩泥巴，你们的孩子可真幸福哇！”

当年，这位朋友的儿子正在上小学三年级。学校有一个施工工地，地上有一些泥巴。课间十分钟，小男孩跑过去玩泥巴，结果还没有玩尽兴，上课铃声就响了。他举着两手泥巴跑回教室，正好被班主任老师碰上了，被堵在教室门外。孩子被批评一通后，在教室外面站了一节课。从此，孩子变得沉默起来，不敢再玩，学习成绩也开始下降。这位朋友说：“从那以后，我们两口子都不愿意去开家长会了，因为儿子的表现不好。”

她又问我："假如您是班主任，您会怎么办？"我说："我会笑着对孩子说：'小伙子，玩泥巴了？创造了什么？快去洗洗手准备上课。记住了：课间十分钟是来不及玩泥巴的。等放了学，爸爸妈妈来接你时，再尽情地玩！'"

那位班主任老师可能考虑到上课时间问题，不能容忍孩子玩泥巴，于是对孩子实施了批评和体罚。这反映出一个重要的价值选择：是教育大，还是教学大？

本来，教学是包含在教育之中的，而许多教育者认为，教学指的是课堂教学或上课，教育指的是德育等非课堂教学活动，教学和教育有各自的内涵。

显然，就孩子的成长来说教育更重要，但在老师那里，往往是教学更重要。

朋友儿子的这位班主任老师，使用很简单的体罚手段，把一个充满创造力的孩子"解决"了——一旦孩子爱玩的天性被抹杀了，将来他就很难有什么大出息。

是教育大，还是教学大？亲爱的老师，请您告诉我。

三

与孩子们一起长大

一天早上，我站在学校门口迎接老师和孩子们到校。

看到四年级的孩子长大、长高了，我忽然想到，我来到玉泉小学做校长已经三年了。刚来时，这些四年级的孩子还是一年级的小不点儿，他们被安排在学校进门处的空场地上做操，样子扭扭捏捏，倒是很认真。为什么要为一年级的孩子单独安排场地做操呢？原因是操场太小。我当时建议，一定要想办法把一年级的“小豆包”调到大孩子中间。只有把孩子们放到集体中，他们才能进行自我教育。

2011年到玉泉小学工作的第一天，我也站在学校门口，那时没有一个孩子认识我，我也一个孩子都不认识。如今，我与孩子们成了无话不说的好朋友。在操场上，或者在教室里，或者在楼道里，孩子们见了我都会把我包围起来，扯着我的臂膀，抱住我的胳膊，问我无数的问题，甚至告他们老师的“状”……

下午接待了一个二年级的小朋友，我问她：“下周一假如你可以选择来学校，也可以选择在家里玩，你选择哪一种？”她毫不犹豫地回答：“来学校。”我问为什么，她说有同学一起玩。孩子们喜欢来学校，是因为学校的教育生活有趣而幸福。当生活如歌的时候，我们会一起幸福地成长。

人生就像一幕话剧，总要落下大幕，关键不在于这幕话剧能演多久，而在于它有多精彩。

许多人问过我同一个问题：我们活着是为了什么？我的答案是：人活着一定是为了追求幸福。而教育就是帮助人们获得幸福的手段。

我们行走在大地上，有幸福，有痛苦，这才是生活的全部。我可以告诉你，当你面对无数笑脸的时候，当你看到每一个生命拔节的时候，当你看到蒲公英种子飘落的时候，你与幸福的距离就不远了。

我来到玉泉小学三年，送走了三批学生，到今天仍有众多已毕业的学生在QQ上与我交流。我们也会在每年的7月11日举办玉泉学子回家节，请已毕业的学生回到母校，回忆童年。

与孩子们一起成长，看到他们的个头在不断变高，他们在不断长大，然后我们优雅地老去，我感觉这是世界上最伟大的幸福！

三

把兴趣放在首位

我们常说的一句话是：教育就是培养习惯。还有一句话是：兴趣是最好的老师。这两句话都很对，但是在实践过程中我们会发现，两者是对立统一的。

美国的马格尼特汉语学校是一所实施“50%+50%”的双语学校，即学生一半时间使用英语学习课程，一半时间使用汉语学习课程。按照我办双语学校的经验，我认为这是一种大胆的双语学习尝试。他们的第二语言教学比重特别大，譬如直接使用汉语学习和教学。这在我们的双语学校里是不可想象的。

我们参观了这所学校的中文教室，观察了孩子们学习中文的情况。在一节写字课上，我看到不论什么肤色的小朋友在书写汉字的时候，几乎都不按笔顺来，都是率性而为，就像画画一样随意。但是，他们写出来的汉字，竟毫不逊色于同年级的中国孩子写的字。

这所学校的校长是美籍华人，刚从洛杉矶应聘到这里。在与校长对话时，我提出了这样一个问题：“在中国语文课的写字教学是特别强调笔顺的，考试都有这方面的内容，笔顺是作为一种习惯来培养的。而我在这所学校里看到孩子们完全没有笔顺的概念，没有形成这一习惯。您怎么看待这一问题？”

作为华人，这位校长是明白我所要表达的意思的。他说：“孩子们学习汉语是一件十分困难的事，所以要把保护孩子们的兴趣放到首位。因为当我们要求孩子们必须如何如何注意笔顺的时候，他们就会感到有难度，就会退缩，从而失去学习兴趣，所以我们并不要求他们写字时非要按照笔顺来。孩子们一旦对一件事情失去兴趣，习惯再好又能怎么样呢？”

是啊，习惯对孩子来说固然很重要，但如果失去兴趣，习惯就将毫无价值！

在一次教学研讨活动中，一位初中老师说：“许多初中孩子上课时不听讲，已经学不进去了。”当时我想：为什么学不进去？与习惯没有关系，一定与兴趣有关系！

所以，当我们强调培养各种学习习惯的时候，一定要把兴趣放在首位，宁肯牺牲一点儿习惯，也要保持一份兴趣。请想一想，我们看一个汉字是看该汉字呈现的效果如何，而不是看写的过程如何，至于笔顺是否正确并不影响对汉字本身的认读。当孩子为笔顺而痛苦的时候，放一马又如何？

三

请注意，这里是校园

校园自然是社会的一部分。孩子们在校园里生活，也是为将来的社会生活做准备。成人社会中出现的问题，在校园生活中也会出现。不要以为不民主、不平等是成人社会的专利，在校园生活中它们也会上演；也不要以为恃强凌弱仅仅出现在成人社会中，欺负同伴的问题会从小学一直延续到高中，甚至大学。

然而，校园又不同于社会，因为在校园中是一群未成年人生活在一起，碰到问题和矛盾时，不能套用社会上的那一套解决方案。法律、监禁、惩罚、孤立等对付成人的办法不适合未成年人，只有一个办法适合，那就是教育的方法。

最近我碰到了两件事。

一件事是一天晚上 11 点，一位妈妈焦急地给我打电话，说自己的孩子将几千元的压岁钱偷偷拿到学校购买了同学的小物品，询问我应该怎么办。我说："先问清楚情况，要使用教育的方法。"孩子的爸爸接过电话，说如果学校不能解决这件事就要报警，告那个学生欺诈罪。我说："学生可是未成年人，况且四年级的孩子可能弄不清楚钱的购买力，那怎么算欺诈罪？你们可以报案，不过，如果不从教育孩子的角度出发，就无法解决这个问题。"

出了这样的事情应该怎么办？第一，家长要反思为什么孩子随便从家里拿钱，之前班主任老师已经发现了这一情况，也告知了家长，但没有得到家长的重视。这件事的起因首先是家长的粗心大意和对钱财管理的疏忽。第二，可以借此机会教育乱拿钱的孩子，这是一种重要的教育资源。第三，要对卖东西的孩子进行调查，如果事情属实，要查明钱去了哪里，要对这个孩子进行必要的教育。第四，可以借用这一事件警示全班孩子。

最终，家长还是采纳了有助于教育孩子的方法，还给我发来了表示感谢的信息。

另一件事是一天中午我从教委开会回来，在餐厅里碰到王老师，他说一位家长要找我。原来，孩子打闹时碰坏了一个图书架，按照学校的规定孩子要赔偿。家长不愿意，还说："学校有权罚款吗？学校有权收费吗？如果我的孩子受伤了，学校还要赔偿呢，怎么让我们赔偿？让你们校长出来说话！"

正说着，家长来了。我请她坐下，说："孩子损坏了公物要赔偿，这是我们的校规，目的不是让你赔偿二十几块钱，而是培养孩子爱护公物的习惯和承担责任的担当。你想，如果他今天在校园里随意破坏公物，不用负任何责任，那么将来到了社会上就可能搞更大的破坏。我见过一个中国的孩子到了美国，在宾馆里随便动手乱摸，结果把一个花瓶打破了，不赔偿人家不让他走！人的责任感从哪里来？是通过一件一件小事情培养起来的。回到家里你要告诉孩子损坏公物的结果是什么。虽然你替他付了钱，但需要他在一个月内擦三双皮鞋、送五次垃圾、清扫八次地板和读三本书，通过劳动进行交换。”

这位妈妈听了长舒了一口气，心情平静地走了。

类似这样的事情，在校园里几乎天天发生。

请注意，这里是校园。这里发生的一切都极具教育价值，都是孩子成长的资源。

三

天才人物的诞生

不论我们是否承认，每个民族、每个国家都是需要天才人物的。极少数天才人物影响了历史的进程和世界的格局。譬如，如果没有毛泽东、邓小平这些伟人，就很难推进中国的历史进程。有的天才人物给人们带来了高品质的生活。譬如，如果没有乔布斯，我们就无法体验到苹果系列产品带给我们的便捷与乐趣。

我们经常见到一些在班里坐不住的聪慧儿童，他们早就听懂了，但又不得不乖乖地坐在那里与其他同学一起“认真听讲”，所以他们很痛苦，很无奈，很受折磨。然而，没有办法，我们的教育体制没有为他们的发展提供特殊通道。

美国是盛产大师的国度，截至 2015 年，美国有两百多人获得诺贝尔奖，遥遥领先于位列第二的英国和位列第三的德国。小到 iPad，大到航母，美国全方位地影响着世界。如此巨大的影响力，靠的正是顶尖人才优势。

加里·贝克尔在 1992 年获得诺贝尔经济学奖之后发表感言：“人力资本对现代经济增长至关重要，因为现代世界的进步依赖于技术的进步和知识的力量，而不依赖于人的数量。”

天才人物对一个民族、一个国家而言实在太重要了。

美国有一套专门培养天才儿童的制度，上下贯通，让天才儿童可以自由成长。譬如，在小学修过的课程到了中学可以不用再修，而在中学修过的课程到了大学也不必重修，这样可以让天才儿童走得更快。但我们不行，即使在高中时期学完了大学课程，也还是要参加高考，并且本科必须连续学习四年，必须按时毕业，因为只有应届毕业生才能进入体制内工作。

如果教育体制不改，中国就很难有天才人物诞生。

三

从金钱到爱心的距离

中国人的金钱观与西方人的很不一样。西方人有了钱往往会设立一支基金，进行投资管理，很多富人赚了钱不留给孩子，而是去做慈善事业。而中国人有了钱，往往马上买别墅、置豪车、穿名牌……

中国人的金钱观与西方人的为什么不一样？我想这与学校教育是有一定关系的。

自古以来，我们一直让孩子们崇拜英雄人物，倡导他们读书做官，很多人不会把世界上最富有的人作为孩子们仿效的榜样，拒绝倡导他们将来去挣大钱。现在是市场经济，我们的教科书与社会现实差距不小——现实是有人挣了大钱，而很多挣了大钱的人不知道该如何处置金钱，遑论反哺社会。并不是中国人没有慈善之心，而是我们的文化和承载文化使命的教育没有在金钱和爱心之间很好地建立起联系。

春节之后，我们一直在酝酿设立一门可以在金钱与爱心之间建立联系的课程。开校会时，我们宣布成立“玉泉爱心基金”，由三位老师、两位家长和两名学生组成了“玉泉爱心基金”管理委员会，接受学生、家长和社会各界的捐助，然后由我们的孩子去帮助那些贫困的孩子。

我在“玉泉爱心基金”启动仪式上给老师和孩子们讲了一个故事：我在山东的学校工作时，有一个二年级的小女孩，她的父亲去外地打工很多年没有回家，后来她的妈妈也离家出走了，家里就剩下这个孩子和年迈的爷爷、奶奶。有一次，班主任老师告诉我，这个孩子可能要退学，因为没有上学的费用了。我们觉得无论如何都不能让一个孩子掉队，于是我们组织了一个募捐活动，资助了这个孩子。我们国家人口众多，有很多孩子因为各种原因不能接受正常的教育，这些孩子需要得到帮助。

让孩子们在心中建立起金钱和爱心之间的联系，不是口头教育就能够实现的，必须让他们付诸行动，去帮助那些需要帮助的孩子！

我第一个向“玉泉爱心基金”捐出了两千元稿费。接着，四年级的孩子向北京太阳村（专门帮助父母在监狱服刑而无人照顾的未成年人的慈善机构）的孩子捐出了大批学习和生活用品。我们还开设贸易节课程，帮孩子们赚钱，然后捐给“玉泉爱心基金”。

关于金钱教育我们不必讳言，因为学校就是社会的一部分。我们盼望玉泉小学的孩子长大后不论挣了多少钱，都不要只想着买别墅、置豪车、穿名牌，而要像西方人那样多做一些慈善事业，帮助那些需要帮助的人，推动社会发展，让我们的社会变得更加美好与温暖，自己也收获有意义和幸福的人生！

三

我们一起打雪仗

北京降下了今年的第一场大雪。据说，出京的高速公路都封闭了，这让准备出行的人们愁云密布。然而，孩子们却不管这些。一大早，我站在校门口看着孩子们兴高采烈地赶到学校。还没有到晨读时间，校园里很多孩子玩起了雪。

一个孩子问我："校长，下午的电影节取消吗？"我说："不取消，继续。"两个女孩听到这话跳着欢呼起来："哇，今天我们有两个节了！"

不错，电影节是早就设计好的，而不期而遇的这场大雪，终于让孩子们等来了白雪节，因为这个节必须等待上天的赐予。

上午第一节课，二年级两个班停课，率先开始"过节"。我走到孩子们中间与他们打起了雪仗。郭老师号召他们班的"小喽啰"向我发起了"攻击"，我全身上下遭到了第一波"攻击"，连我的眼镜都模糊一片。我一手拿着相机，一手拿起雪团向孩子们还击。四处响起肆无忌惮的笑声和呼喊声。我回头一看，发现闫老师向这边走来，马上说："孩子们，攻击闫老师！"雪团马上飞向这位优雅的女士，她抱着脑袋向北边逃去。

主题课程部设计和发布了一个有关白雪节的课程方案。白雪节的课程指向是什么？仅仅是让孩子们打雪仗吗？显然不是。

在国家课程的实施过程中，我们发现许多教育目标是很难实现的。譬如"平等"，我们在课文的虚拟世界中与孩子们讨论"平等"问题，作用不大，因为在实际的校园和家庭生活中，师生、亲子之间很多时候是不平等的。在一个不平等的世界中，非要让孩子们去体会"平等"，那是很难的。

我想，白雪节可以帮助我们实现这样的教育目标。

当校长、老师和学生用雪团相互“攻击”的时候，校园里没有了师道尊严，没有了长幼之分，此时此刻，校园里人与人之间是完全平等的，心灵与心灵之间是完全平等的。

我们特别向往一个平等的社会。培养和造就拥有平等价值观的未来公民是我们教育工作者的责任，而只有开设类似白雪节这样的课程，才能真正实现这一教育目标。

下雪了，下雪了！让我们的孩子、家长、老师和校长一起打一次雪仗吧！

尊重的细节

尊重是我们学校德育的重要内容，我们希望玉泉学子都具备尊重他人的品行。

一个不懂得尊重自己和他人的人，将来能做成什么事情？他如果当官，可能会欺负百姓；如果经商，可能会为富不仁；即使做一份普通的工作，也可能会跟别人吵吵闹闹。

尊重品行的培养必须从儿童时期开始，这就需要我们的班级、我们的校园、我们的家庭、我们的社会，给孩子们提供一个相互尊重的教育氛围和环境。

然而，尊重的细节常常会被我们忽略，往往正是那些细节让孩子们刻骨铭心。

这是发生在春天里的一件事。孩子们期盼的全校体育挑战赛即将拉开帷幕，一个情况有点儿特殊的孩子（智力没有问题，只是身体协调性稍差）悄悄地穿上了一双硬底运动鞋，希望能够参加拔河比赛。老师可能是因为考虑到他不适合参加拔河比赛，或者班级之间拔河时需要人数对等等原因，最终没让他参加。但是，他十分希望参加，因为他也是班级的一员。他希望班级里有一位同学生病，那样他就会有一个顶替的机会。这个秘密和希望没有人知道，也没有人发现。

遗憾的是，同学们都上场了，没有生病的，仅有两个同学站在一边为班级加油、呐喊，他是其中一个。

这件事已经过去很久了，但还时常让这个孩子的心隐隐作痛。

我曾经问过这个孩子的老师，她回答说忘记了为什么没让他参加。

我们可能一时疏忽，可能为了安全考虑，可能为了班级的成绩与荣誉着想……我们可能有一千个理由，但是，对这个孩子而言，这就是一种不尊重！

我们面对的是一群孩子，我们必须对他们的未来负责！

我写了一首关于尊重的校园歌曲，请我们学校的音乐老师曹艳谱了曲子，教孩子们传唱。

尊重是一棵小草，
装扮着土地的斑斓；
尊重是一朵小花，
带给我们芬芳和香甜。
相互尊重，
让我们生活之路宽宽；
人人尊重，
让我们感受到阳光灿烂。
尊重是夹着尾巴逃走的小狗，
它依然拥有生命的尊严；
尊重是包容每一个人，
我们的世界就会春日暖暖。

感谢尊重，
让我们拥有了远航的港湾；
你我尊重，
让我们吟诵出最美丽的诗篇。

不论是老师还是家长，都要放下身段，从细节做起，尊重每一个孩子。

学生节上的观众

2014 年玉泉小学的学生节包括追星节、美术节、红包节、艺术节、家庭节和面食节六个系列课程。其中艺术节被安排在六一儿童节那天。为此，每个级部的老师和孩子们都用一周的时间“偷偷地”设计、排练、打磨自己的节目。所谓“偷偷地”，一是要利用课余时间，不能影响上课；二是怕提前暴露自己的拿手好戏，力求给大家一个惊喜。

按我们学校的惯例，2013 年的学生节在学校里举办，2014 年就应该走出校园，找一个大舞台让孩子们表现一番。因为每个级部的所有孩子都要上场，演员阵容强大，光一年级就有 450 个小演员，这就需要一个很大的场馆。经过反复研究和谈判，我们选择了学校附近的五棵松体育馆。

遗憾的是，临近演出时出于安全考虑，上级叫停了这一活动，不得已我们将活动改为在学校里举办。又赶上北京六十年一遇的高温天气，那几天最高气温达到了 42℃。几位级部主任找到了主管副校长，表达了“反正出不去了，而且天气炎热，是否不再组织艺术节了”这样的想法。

我回了一条信息："很理解老师们的想法，但我们还是要给孩子们一次表演的机会。"玉泉小学的老师这一点特别好——只要是学校确定了的事，就是再困难也要把事情做好。

其实，教育就是给孩子们制造一个又一个成长的机会，因为孩子们只有在体验和感悟中才能使情感丰富起来。我们可以用很多理由，譬如安全问题、天气原因、经费不足等，轻易地剥夺孩子们成长的机会，但那对孩子们来说是不公平的，也有违我们教育者的良心和学校的办学理念。于是，在家长都不能进校园的情况下，我们把所有机会都给予了孩子们，让他们自娱自乐。我甚至把在艺术节上致辞的机会也给了孩子们，我让两个孩子担任校长特别助理，请他们代表我致辞。

5 月 29 日，我们开始搭建舞台，晚上 7 点的时候，我们已经把校园装扮成了一个"海滩"——我们租了七十顶太阳伞放置在校园里，准备把孩子们藏到太阳伞底下。

5 月 30 日一早，孩子们陆续来到学校。我听到一个孩子惊呼："看，那是什么？高峰校长是要让我们下海游泳吗？"另一个孩子说："呀，好玩，好玩，校园成了沙滩了！"对孩子们来说，这是充满惊喜而有趣的校园生活！

这样一次隆重的演出，我们没有邀请任何领导和嘉宾出席，也就没有设立主席台，我一直挤在孩子们中间。

整整一个上午，老师和孩子们尽情地表现。我没有节目要演出，就拿着一台相机为每一个节目摄影，上上下下，出出进进，忙得不亦乐乎。我试图让所有老师和孩子看到，他们的校长今天是一个忠实的观众！

一所学校，当校长、老师和家长都成为孩子们的观众的时候，我们才能够说，我们把一切成长的权利和机会都还给了孩子们。

V

发展儿童

办一所“中国梦学园”

在《窗边的小豆豆》中，小林宗作先生创办了一所让孩子们幸福终生的巴学园，那可是孩子们心目中理想的学校哇！

在中国，我也希望创办一所让孩子们幸福的梦学园。这所学校就像一个巨大的花房，是一个很大很大的玻璃制成的大房子，太阳明晃晃地照在头顶上，里面全是花卉和树木，无论是刮风下雨还是酷暑严寒，都不怕。

孩子们上午 9 点来到学校上课，早来也可以，大厅四周全是童话书、科学仪器、画笔和涂料、手工材料和工具、电子互动游戏等，早来的孩子可以边玩边等。还有一些区域放着造型奇特的沙发，孩子们可以坐在那儿聊天或讨论问题。

9 点，开始上课了。一间教室里只有十二个小朋友，还是自愿结成的学习伙伴。老师只是提供一大堆学习资料，与孩子们一起讨论和研究当天需要解决的问题。孩子们热烈地讨论，激烈地争辩，众说纷纭，观点不一。语文、数学、英语，上午就这三门课程，就这么学，一直学到中午。

午餐时间到了，十二个孩子一起走进校内食堂准备用餐。但午餐都是半成品，需要大家分工合作，根据自己的口味进行加工，然后才能享用。孩子们一边吃着可口的饭菜，一边谈论着上午的话题，就像一个大家庭一样。

下午，每个人可以选择自己喜欢的课程，包括唱歌、器乐、舞蹈、健美、太极拳、武术、游泳、轮滑、画画、看电影、手工、科技、机器人、动漫、天文、地理、经贸、医学……孩子们或独自学习，或“结伴”学习，谁也不干扰谁，大家完全沉浸在有趣、有挑战性的活动中。当你经过的时候，唯恐自己的脚步声打扰了这童话般的世界！

下课铃响了，孩子们收拾自己的学习用品，装进自己的柜子里，然后陆陆续续空手走出这个大房子。外面是老虎模样的校车在等待他们，他们有序上车，司机会把他们安全送回家。

一家人围在一起用晚餐，夕阳照进餐厅，他们各自分享这一天的趣闻乐事。笑声从每一家的窗口传出，特别是孩子爽朗的笑声传播得好远好远，整个社区都充满了温情！

孩子们最盼望的还是星期五，这天什么课都不上，要集体外出！爬山、徒步、划船、劳动、走泥巴地、粘知了、捉蝴蝶、逮鱼、爬树等，那些有趣的事啊，会永远留在成长的记忆中。

这就是我心目中的中国的巴学园——一所孩子们喜欢的、让人流连忘返的学校，在这里，幸福像花儿一样绽放！

盼望着，盼望着，中国的巴学园，快快地变成现实吧！

三

跳出教育做教师

在中国，哪类教师最难做，最辛苦？显然，既不是大学教师，也不是中学教师，而是小学教师。而在小学教师中，一、二年级的教师最难做，最辛苦。

作为办过幼儿园、小学、中学的草根校长，我不需要举出很多事实和数据，我的经验和体会就能告诉我答案。例如，不论课上还是课下，一年级的教师都必须盯紧所有的孩子，稍不留神，那群小不点儿可能就会打架，上墙爬屋，或者发生安全事故。我们经常见到低年级的教师一边快速地批改作业，处理孩子之间的问题，一边眼观六路，耳听八方，盯着那群小家伙，真是比领导还忙活，还紧张！

16 世纪欧洲宗教改革倡导者马丁·路德曾说，如果我们想教育儿童、少年的话，我们自己必须变成与他们在一起的儿童、少年。是的，作为小学教师，我们必须有儿童情结和心性，我们必须变成孩子，我们的“心”必须是童心，这样，我们才能与孩子们一起成长。

然而，小学教师天天与孩子打交道，说着孩子的语言，琢磨着孩子的心理，处理着孩子的事务，时间久了，就会非常单纯、非常率性、非常天真，慢慢地就会变成孩子——不仅“心”像孩子，连“行”也是孩子的模式了！

譬如，我们喜欢跟孩子较真、叫板，不允许孩子犯错误，不允许孩子之间有差异，不允许家长之间有差别。我们喜欢当“警察”捉“小偷”，喜欢当“法官”审“案子”。有时急了，我们什么招都使得出来，包括发火、大怒、大叫、大哭、动手等，造成了很多家校矛盾。

我曾见过一位很优秀的教师因为教室里的电脑不知被谁弄坏了，当场大怒，非要查个水落石出不可，结果孩子们谁都不敢承认，于是他就对全班孩子实施体罚（当然是象征性的，但是这也不行啊）。最终还是没有人承认，于是这位教师就惩罚自己。

我想起了于永正老师，他的两个学生偷了人家的黄瓜，被告到学校。于老师也生气，开班会讨论这件事，其中一个学生承认了，而另一个学生怎么也不承认。于老师更加生气，要采取更加激烈的方式。但是，他想了想后忍住了，把这件事“冷”了下来。多年以后，于老师到北京出差，当年那个死不承认、如今已是一位将军的学生去接他，这个学生握着他的手说：“您是真正的教育家呀！”

小学里女教师居多，我天天跟她们打交道，深知她们的问题出在哪里，我想对她们说：“老师们，我们不仅要拥有一颗热爱孩子的心，还要站在高处，超越儿童，以教育者的身份审视我们的行为，改变我们的教育方式，跳出教育做教师。”

让新的学期从发布好玩的课程开始

对小学阶段的孩子来说，学校教育要想达到预期的效果，其实很简单：让孩子们喜欢校园，喜欢校园里的课程，喜欢教授课程的老师。这是一切教育发生的前提。所以，学校不能是一个准政府部门。

然而，我们有很多学校太像政府部门。例如，学校的样子方方正正，像一个机关单位；里面的房子规规整整，看起来十分壮观、威严；校长像领导，从事管理和服务的人员像干部，他们有层级之分，等级森严，甚至官僚主义盛行……就说开学典礼吧，很多学校搞得就像开机关干部大会那样郑重其事：有主席台，台上坐着校长，校长拿着讲话稿讲上至少半个小时，讲学校的计划，讲学校的要求等。

其实，很多时候，校长在台上洋洋洒洒讲半天，孩子们只是无聊地坐在会场上等待，恐怕一句话都记不住。有研究表明，小学生，特别是低年级的孩子当场最多能够记住三句话。

于是，我们重新设计开学典礼，让新的学期从发布好玩的课程开始！

举办开学典礼的目的，就是让孩子们对新学期充满向往和梦想。所以我们没有设置主席台，校长就坐在孩子们中间；没有人念稿子，校长就对孩子们说了三句话；重头戏是发布十大好玩课程。2012 年放寒假前，我们列出了 50 多门好玩的课程让全校孩子选择。然后根据孩子们的投票情况，结合季节特点，确定出十大好玩课程，开学典礼上主要发布这十大好玩课程。

以往是由随机抽到的孩子宣布课程名称，今年主题课程部的老师进行了创新，将十大好玩课程的名称制成条幅悬挂在旗杆上，排成一列，邀请十位老师和十个孩子依次展开，全体孩子逐一喊出课程的名称。

整个开学典礼用时十五分钟就结束了。等雪花飘落下来的时候，孩子们已经回到教室里进行寒假课程展示了。

散场后，我问一个一年级的小朋友："在今天的开学典礼上你知道了什么？"他眨眨眼睛说："十大好玩课程呗！"我又问："校长讲了什么，记住了吗？"他笑了，不好意思地说："忘了！"然后问我："校长，今年的远足节去哪里？"我也笑了，说："现在还是秘密！"

三

中国孩子真的学扎实了吗

我曾在美国得克萨斯州休斯敦学区科特勒小学的一间教室里听课。这是一节四年级的语文阅读课。孩子们分成四个小组，分别阅读和讨论不同的文章和观点，老师来回走动，鼓励孩子们进行讨论，并参与讨论，点拨孩子们的想法，表达自己的观点。

我随手翻看了得克萨斯州教育部门关于小学阅读和语言教学的课时分配计划，发现他们一天中语文的学习时间是 130 分钟。按照中国小学 40 分钟 1 节课折算，130 分钟相当于 3 节多课。按一周 5 天计算，得克萨斯州小学语文课每周大约是 16 节。

再来看看中国的小学。按照国家课程标准的要求，中、高年级语文课每周是 6 节，与科特勒小学相比一周就少 10 节。

按照一年 40 个教学周、小学 6 年计算，中国的孩子母语学了 1440 节课，而得克萨斯州的孩子母语学了 3840 节课，我们的母语课时数大约是他们的 37.5%。

先不考虑大量练习、不断考试等中国式因素的影响，也不考虑中国孩子是否比美国孩子聪明、勤奋等智力或非智力因素的影响，平心而论，以大约人家三分之一的课时，让我们的老师教得比美国老师好，让我们的孩子学得比美国孩子扎实，现实吗?

我们不太愿意正视自己的问题。当然，这有利于增强民族自豪感。然而，如果我们不能正视自己的问题，就不会有危机感、紧迫感，就不会反思，就会飘飘然，就会夜郎自大。

哈佛大学数学教授丘成桐在 1982 年获得具有“数学界的诺贝尔奖”之称的菲尔兹奖，他是第一位获得该奖的华人。针对很多人的“中国学生的成绩要比同龄的美国学生好，中国学生的基础知识要扎实得多”的论断，丘成桐先生说：“这都是多少年来可怕的自我麻醉！我不认为中国学生的基础知识学得有多好。”他还说：“不管是美国还是中国，能进哈佛大学的学生都应该是这两个国家最好的学生。而两国最优秀的人相比，美国学生的基础知识绝对不会逊色于中国学生，相反是要强很多！”

丘成桐先生真是给我们的中小学泼了一盆冷水，我们必须正视自己课堂教学的扎实程度，改变那些“雨过地皮湿”的课堂。

玉泉小学的老师们正在改变照本宣科的做法，从研究入手，开展研究型、反思型的教学，针对学生的困惑和问题施教，提高课堂教学的针对性和有效性。

从国家课程校本化实施，到研发校本学习资源玉泉语文、玉泉数学和玉泉英语等，再到课堂教学“教、学、用”三个环节的建构，我们正在探索“最简单地教、最简单地学”“在有限时间内求得最大教学效益”的路径，保证学生学得扎实，取得良好的学业成绩。

让孩子有自己的想法

学校举办了一场田径运动会——“校园吉尼斯挑战赛龙虎榜”。比赛时，我看到二年级的小选手跑到终点后仍继续向前跑，一直跑到运动场的对面，直到老师宣布比赛结束后，孩子们才停下来。

看到这一幕我心里很酸楚。由于学校没有标准的运动场，也从来没有举办过田径运动会，孩子们不知道基本的比赛规则和场地情况。我旁边的学校元老级人物冯副校长说：“我们已经三十年没有带孩子在标准的运动场上开田径运动会了。发生这种现象很正常，因为孩子们没有经历过。”

为什么一定要租赁一个标准的运动场，让孩子们尽情地待上一天？因为我们需要让孩子们有想法，而想法往往产生于活动和体验中——经验产生智慧，智慧成就人生。

韩国“岁月号”客轮上的300名中学生，除个别孩子外，都随船沉入水底，葬身于大海。这种后果很可能就是船长的一句话——“待在原地不要动”造成的。

船长说不要动就不能动吗？这所学校的孩子也太听话了，于是他们就待在原地不动，直至随船沉入水底（但也有个别不听话的孩子逃了出来）。

我可以断定，这所学校的教育是失败的，因为他们培养了一群如此听话、乖顺的孩子！

其实，孩子听话、乖顺可能就意味着没有自己的想法。如果我们培养的都是没有想法的孩子，这个国家的教育就是失败的。

我们不要把学校教育仅仅看成知识的积累和对人类精神的吸纳，我们还要培养有想法的人、有思想的人、有个性的人、有情商的人、有创意的人。然而，这些目标难以在正规的课堂上实现，我们必须为孩子们设计和创造出更多适合并促进他们成长的课程，其中就包括今天的田径运动会。学校租用一个更大的场地，校长背负安全责任，组织所有孩子乘坐三十辆大巴车离开校园，中午食堂为孩子们送来三千个馒头。运动场上孩子们有的跑、跳，有的鼓掌、欢呼；有的兴高采烈，有的沮丧难过。不论得了第一名还是最后一名，孩子们都经历了这样一个过程，得到了一些经验，收获了一些感悟，增长了一些智慧。如此，万一遇到危险，孩子们就不会再听话、乖巧地坐以待毙，因为他们有想法，有判断，有行动，会自己寻求逃生的路径，做自己认为对的事情。

我想这就是教育——为孩子们提供一个大舞台，让他们有自己的想法。

为什么是数学引桥课程

我们在教育教学实践中发现，在小学所有的基础学科中，数学是孩子们感觉最难、最乏味的课程之一。更可怕的是，许多孩子由此对数学学习产生畏难情绪，从而导致学习兴趣逐步降低；还有许多孩子到高年级时对数学学习完全失去兴趣，甚至放弃学习数学。到了初中，不愿学数学、数学考试不及格的孩子，占有相当大的比例。

数学是一门重要的基础学科，一旦小学阶段打不好基础，到了中学就很难持续进行学习。

为什么一年级的孩子对数学学习过早地产生畏难情绪，并失去兴趣？可能有两个原因。

一是六岁多孩子的抽象思维、逻辑思维能力还没有形成。皮亚杰曾做过一个有名的守恒实验，证明此时的儿童处于具体运算阶段，他们虽然能理解原则和规则，但依然不能进行抽象思维。随着分类和排序知识的获得，儿童学会了思维的可逆性，同时思维逐渐去集中化。而去集中化是该阶段儿童成熟的最大特征。我曾经在山东的幼儿园 4 个大班 120 个小朋友身上重复过皮亚杰的守恒实验。实验表明，98% 的小朋友符合皮亚杰的结论。同时，我们在小学一年级第一学期期末对 120 个小学生进行测试，结果高达 80% 的小朋友依然符合皮亚杰的结论。

二是数学的学科特点，进一步增加了一年级孩子学习的难度。数学不像语文，它具有抽象的特点，加之我们的数学教材偏难，孩子们学习起来自然就感到困难。

我们认为，要解决孩子们学习数学缺乏兴趣和难度过大的问题，就必须尊重儿童发展的规律和认知结构特点，在他们正式学习数学之前搭建长长的引桥课程，让他们带着兴趣顺利地走上“桥梁”，渡过数学这条“长河”。

人教版一年级数学教材中出现的诸多生字（据统计大约有 80 个），在人教版一年级语文教材中并没有出现，即使出现了，也是在文学情境中，到了数学课上，孩子们理解和运用起来依然十分困难。孩子们不认识字，不理解其数学意义，这显然增加了阅读和理解的难度。因此，我们开发了数学引桥课程之一——数学识字，把生字放到数学情境中，并配以生动有趣的故事和游戏，让孩子们先识字再学习数学，试图解决他们学习数学的困难，并让他们感受到数学学习的趣味性，从而产生和保持对数学学习的兴趣。

随着语文识字量的增加，我们在数学识字的基础上开发了数学引桥课程之二——数学阅读。我们提供大量与数字、数学相关的故事、儿歌、童谣等，让孩子们阅读。这么做的目的，一是与语文教学相匹配，增加孩子们的阅读量；二是让孩子们加深对数学教材中字、词、句的理解；三是让孩子们对数学这门学科产生浓厚的兴趣。

小朋友产生学习兴趣的前提是感觉好玩。任何课程，如果孩子们感觉不好玩，甚至感觉它是一种负担和压力，其学习行为就难以发生。开发数学引桥课程之三——数学游戏，就是为了让孩子们感到数学是一门好玩的课程，而不是让人讨厌的课程。在孩子们完成数学识字、了解数学知识的基础上，通过数学游戏和动手活动，让他们学习排列、组合、找规律等。这么做的目的，一是可以保持孩子们学习数学的兴趣；二是发展孩子们的逻辑思维，为他们下一步学习数学奠定基础。

以往我们实行语文、数学分科教学，这就像让孩子们一边吃菜一边吃馒头，需要他们自己在胃里进行混合。这增加了学习的不确定性，甚至降低了学习效率。现在，我们一年级的老师实行包班制，他们具备对语文、数学课程进行统合的条件和能力。这样，就像把蔬菜和面粉先做成饺子，再让孩子们吃下去，两门课程相辅相成，增强了教学的实效性。

从改造课程出发提高课堂教学的实效性，减负增效，是我们的尝试。在试行过程中，还需要包班老师发挥自己的聪明才智，将“饺子”包得越来越丰满、越来越有营养，这样才会培养出“德如玉，智如泉”的玉泉学子。

三

做些“无用”的教育

2012 年 10 月 11 日，我的高密老乡莫言先生获得诺贝尔文学奖，他是中国首位诺贝尔文学奖获得者。

我由此想到了学校教育。

莫言小学没有毕业就回家种地，算是一个“半文盲”。可以说，他没有接受过完整的、系统的学校教育。而我们无数的大中专院校毕业生，却没有一个获得诺贝尔奖，可能今后也很难获得。和莫言自学成才相比，学校那些“有用”的教育显得多么苍白无力！

我想，也许只有我们做很多“无用”的教育，我们才能培养出诺贝尔奖获得者。因为如果我们的教育太“有用”，我们就必然会将教育之舟驶向功利的大陆。

当然，在现行制度的背景下，一所学校很难改变航向，但是我们不妨尝试做一些“无用”的教育。

一天早上下着小雨，我看到分校里的那棵老槐树生机勃勃，就想，修理修理枝丫，在上面垒一个树窝，然后做一门“爬树”课程，让孩子们课间爬爬树，蹲到树窝里感受一下原始人的生活状态。正巧，上午李振村先生来学校讲课，也提到了“爬树”课程，他把这些“无用”的教育看作非正式教育。

这个学年我们开始实施教育教学“变轨”：通过国家课程校本化实施提高教学效率，将每节课 40 分钟缩短为 35 分钟，一天节省出 30 分钟，将这 30 分钟与下午第三节 30 分钟合并，开设一节 60 分钟的适性课程（指向生本化的课程体系）。

像这样“无用”的课程，与教材无关，与作业无关，与考试无关，与成绩无关，与升学无关，但它们都是好玩的，孩子们喜欢并乐此不疲的。可能就是这样的课程，决定了孩子们人生的志向和梦想，激发出孩子们的潜能和智慧，让孩子们获得幸福的人生。

三

学生节的价值

在总结 20 世纪美国“垮掉的一代”的文学现象时，木心先生说过这样一句颇具哲学意味的话："懂得就是快乐，快乐就是占有，占有就是升华。"

怎么理解这句话？我想了一下，可以这样理解：就像我们的学校教育，老师施教，让学生懂得知识与技能、过程与方法、情感态度与价值观，学生因为对这些知识与技能、过程与方法、情感态度与价值观的占有而产生快乐，同时他们的人生和道德品质得到升华，进而拥有一生的幸福。

我在瑞典乌普萨拉访问的时候发现他们有一个传统的学生节。当时我们正漫步在菲里斯河边，激流澎湃的河水从市中心穿过，陪同的张老师告诉我们，4 月 30 日这里刚刚举办了全城的学生节，主要活动是上午在菲里斯河上举行漂流比赛，下午在乌普萨拉大学图书馆举行挥舞白帽活动。在全天大部分的时间里，大家都会涌上街头，结伴坐在草地上享受阳光和咖啡，同时也有自发组织的烧烤活动和街头歌唱节目。

学生节的主要参与者和组织者都是学生。或者说，这个节日属于学生，学生是主角，他们完全有权选择如何度过自己的节日。

我们的六一儿童节与乌普萨拉的学生节不一样。我们总是喜欢为孩子过节。例如，安排一小部分孩子演出，让绝大部分孩子当观众；组织全校师生庆祝大会，台上领导和来宾滔滔不绝地讲话，把台下的孩子们晒上半天……

在乌普萨拉的那个晚上，我把学校庆祝六一儿童节的方案变成了学生节活动，排出了一系列活动让孩子们选择，并再三嘱咐我们的老师：一是每个孩子都要参与和演出，无一例外；二是把决定如何参与和演出的权利交给孩子们，让他们做出选择；三是组织、演出、展示、观摩的主角必须是孩子们。当然，我们是小学，低年级的孩子难以有效地组织活动和提出创意，要在征求孩子们意见的基础上，由级部老师根据学段特点进行策划、安排。

其实到了 5 月的最后一周，全校已进入了学生节氛围：周一每个孩子的艺术作品都被贴到走廊里进行布展，周四发放红包、太空种子和玉泉“幸福甜饼”，周五是全校性的狂欢活动。

本校场地小，两千名师生已经站满了操场，但是我们仍然向每一个家庭发出了邀请，请家长参与孩子们的活动。限于场地面积，上级领导我们一个也没有邀请，因为对孩子们来说家长参与比其他人参与更重要！

5 月 31 日上午，作为一名观众，我坐在活动场地的一角看到了全校每一个孩子的演出和表现，看到了每一个级部老师的劳动和辛苦，看到了每一位家长的笑容，我更加理解了木心先生的那句话：“懂得就是快乐，快乐就是占有，占有就是升华。”

三

狂欢节留下了什么

一天下午，我与六年级的孩子一起喝咖啡，聊起刚刚过去的狂欢节，孩子们意犹未尽，兴奋不已。

看看二年级小朋友李瑞颖写的《狂欢节纪事》。

> 六一儿童节的前一天，校长不仅像去年一样给我们每人发了一元钱，还增加了一个玉泉“幸福甜饼”。当天晚上，由于第二天要上台演出，我兴奋得睡不着觉。
>
> 周五早晨，我早早起来，由于过于兴奋，我一点儿东西都吃不下，不过在妈妈的一再说服下，我还是勉强吃了一点儿早饭。我们的演出地点是首钢篮球体育馆，不同年级的同学穿着不同的 T 恤衫。今天，所有同学穿着自己设计的 T 恤衫，脸上洋溢着幸福和快乐的笑容。所有的节目都很精彩，我看得目瞪口呆。轮到我们演出时，我急忙戴上头饰参加表演，用“心潮澎湃”形容一点儿也不为过。

今年六一儿童节我过得非常快乐，想到四年后我也可以像六年级即将毕业的大哥哥、大姐姐们一样把自己的愿望放入心愿瓶中，我就觉得自己非常幸福。

我认为我们的玉泉小学就是《窗边的小豆豆》里面的巴学园，我们的高峰校长就是书中的小林先生，他会给玉泉小学的每个学生都带来幸福。

今年的“六一”真是一个快乐的狂欢节！

孩子们毕业之后还能记住多少节课？以我自己的经验来看，除了特殊的课堂，一般的课堂基本都会忘记。

按照爱因斯坦的说法，一个人把所有知识忘记之后，剩下的才是素质。那么，学校里的什么课程能让孩子记忆终生并影响其一生呢？我想，可能就是狂欢节之类的十大好玩课程。

狂欢节给孩子留下的，是表现，是体验，是记忆，是欢笑，是留恋，是友谊，是情感，是谁都拿不走也不能强加给孩子的自我成长！

三 电影课程的价值

我记忆最深刻的人物、故事和情节很多都来自电影。

小时候，我曾在远房姑姑的怀抱里看过一场战争题材的露天电影，至今我也不知道这部电影的名字，只记得飞机的翅膀从眼前隆隆掠过，机枪嗒嗒的声音在耳畔响起。那是一个冬天的夜晚，连冷带怕，我浑身上下不停地颤抖。

1983 年我正读大学，学校组织团员到电影院看《高山下的花环》。

那是对一场战争的呈现和反思，许多镜头让人泪流不止，散场时我带的一块小手绢几乎湿透了。

看电影在今天也是我的一项作业，只要时间允许，每个周末一家人都会去看一场电影。

古罗马哲学家奥古斯丁认为，世上有那么多的恶，是因为自由意志的存在。所谓自由意志，就是人类选择做什么的能力。人类只有具备理性的力量，才能控制自由意志，从而控制住恶。

人的理性力量是如何形成的？当然与成长环境有关。成长环境包括父母、亲戚、邻居、师长、同学、街头伙伴等人际环境，还包括学校、社区、村庄、街道等成长场景，以及旅行、读书、看电影等经历。

一个人应该在合适的年龄看应该看的电影。

玉泉小学开设了电影课程，上个学年组织全校孩子观看了两次电影。以下十三部电影，是玉泉学子今后要观看的。

1.《约书亚》（儿童心理障碍影片，适合 10—13 岁孩子观看）

2.《两小无猜》（早恋经典影片，适合 10—12 岁孩子观看）

3.《哥哥啊，你好》（成长、亲情影片，适合 8—10 岁孩子观看）

4.《菊次郎的夏天》（成长、心理、亲情影片，适合 8—10 岁孩子观看）

5.《小鞋子》（成长、亲情、励志影片，适合 10—12 岁孩子观看）

6.《草房子》（成长、友情、亲情、早恋影片，适合 12 岁以上孩子观看）

7.《夏洛的网》（成长、友情影片，适合 12 岁以上孩子观看）

8.《中央车站》（成长、亲情影片，适合 12 岁以上孩子观看）

9.《小飞侠彼得·潘》（成长、游戏影片，适合 12 岁以上孩子

观看）

10.《跳出我天地》（成长、励志、亲情影片，适合 10—15 岁孩子观看）

11.《小孤星》（成长、心理影片，适合 5—10 岁孩子观看）

12.《想飞的钢琴少年》（成长、亲情、责任影片，适合 10—13 岁孩子观看）

13.《狗脸的岁月》（成长、励志影片，适合 10—13 岁孩子观看）

电影对一个孩子来说是非常重要的教育课程。电影能够让人充满力量，能够让人疾恶如仇，能够让人助人为乐。电影总是为我们树立真、善、美的典型，帮助我们形成正确的价值观和生活态度，进而形成奥古斯丁追求的理性的力量，让社会变得更加美好。

适合的才是最好的

前段时间，老家一位 70 多岁的叔伯兄长来北京看病，住在他儿子家，我尽地主之谊请他吃便饭。

我说："既然到了北京就多住几天，看看北京的一些景点。现在是秋天，北京最美的季节就是秋天。"他说："金窝银窝，不如自家的狗窝呀！儿子这里是好，但住下来不方便。我那个小家虽然黑咕隆咚，都是旧家具，但是用什么、拿什么我清楚，住着得劲，住着舒服。"

我们学校举办了一个国家课程校本化实施的研讨会，北京师范大学的课程专家郭华教授讲了一个关于课程的故事，使我突然想到了这位兄长“金窝银窝，不如自家的狗窝”的话。

学校其实就像一间房子，课程就是在房子里布置什么、如何布置。

在房子里，我们可以布置电视、冰箱、沙发、床、窗帘等，这些用品来自各个商店和不同的品牌，但是只要被搬进自己的房子，就成了自己的生活用品，让自己的生活变得丰富而舒适，使房子成为温暖的家。配置这些用品，关键不在于品牌，也不在于豪华程度，而在于适合自己，符合自己的生活习惯，就像我的兄长说的“住着得劲，住着舒服”。

国家、地方和学校三级课程，都是为孩子们提供的成长用品，只要进入学校这间房子，就变成了孩子们成长的空间，而不用再去区分什么级别。我的房间我做主，同样，我的课程我做主。国家课程校本化的本质，就是把所有课程统合成适应孩子们成长需要的“用品”。

我们可以把学校建设得富丽堂皇，也可以拥有众多名师，使用现代化的教学手段，拥有丰富的教学资源。然而，即使我们把学校打造成“金窝”“银窝”，如果没有适应孩子们成长的课程，孩子们也找不到幸福的感觉，享受不到快乐的校园生活。

在推进国家课程校本化实施的过程中，玉泉小学的老师们付出了很多努力，就是想为孩子们打造一个适应他们幸福成长的“狗窝”。

三

端午节岂能仅是端午节

有人说，现在的端午节只剩下了假期和粽子，大家已经忘记了端午节的精神，即屈原的精神。我说，大可不必把厚重的屈原的精神强加到孩子身上。

端午节哪能仅仅是端午节？如果仅仅让孩子们玩上一天，吃吃粽子，就会失去端午节的价值。所以，我们把端午节做成了一门课程——面食节。

这是我校一位小朋友写的博文《创意无限，快乐无限——我的面食节》。

> 我拿出小盆，将面粉倒入盆中，用半碗温水化了一勺发酵粉倒入面粉中，和匀后盖上盖，让它发酵半个小时。半小时后，面团宝宝长大了一些，中间有一些蜂窝似的小洞，说明它发酵好了。
>
> 我先将面团分成四份，将一份拿在手中团成一个团，捏出一个小鼻子，再在鼻子两旁各粘一颗绿豆，然后用剪刀剪出一个个刺状的小尖，看看我的小刺猬已经成形了。最后我将它们放进蒸锅，上汽后蒸 25 分钟。哈哈，我的花馍成功了！

这分明是孩子的作文，但我们从这篇短文里听到了成长的声音，闻到了成长的气息。这只是作文吗？这是成长的记录哇！人就是这样一步一步成长的。

我想，这就是学校最应该做的课程。

面食节并不是我的发明，而是借鉴来的。那年到乌克兰的帕夫雷什中学参访时，看到教室里摆着孩子们制作的各色面包，我大为吃惊，为孩子们的创造力与生活情趣拍案叫绝。帕夫雷什中学的面包节从苏霍姆林斯基时代就开始了。单从这一点来看，我们就会明白苏霍姆林斯基为什么是一位伟大的教育家了，因为他知道什么是真正的教育。

在我们的众多学校里，孩子们端午节做什么去了？仅仅让他们玩上一天，吃吃粽子？

在教育者眼里，端午节岂能仅仅是端午节！

三

去西山“走透透”

按照秋季开学典礼上宣布的十大好玩课程的安排，同时落实本学年的教育主题“责任”，11 月上旬学校要组织一次远足课程，让大孩子带领小孩子，负起照看小孩子的责任，在活动中形成责任意识。

由于各种原因，这一课程被无限期拖延下来。最好的季节离我们远去，老师着急，家长着急，而最急的还是孩子们，他们不断地问：“校长，我们什么时候去爬山远足哇？”

其间，许多老师建议：“要不今年就取消远足吧，反正不是学校的原因。”也有的说：“用话剧节代替吧。”我斩钉截铁地说：“不行，这是学校给孩子们的承诺，也是孩子们极为关注的一个活动，无论如何我们都要做。这就是学校哇！其他单位和部门做事情可以变来变去，但学校不行。如果学校说了，却不去做，就是教孩子们欺骗、言而无信、不诚实、不负责任。”

进入小雪节气后，天气越来越冷，外出活动的报告终于获得批准了。我看了一下天气预报，这个周末天气很晴朗，但是最低温度是 -7℃。

主题课程部的老师们拿出了课程方案，租了四十辆大巴，做了周密的安排。上午 9 点，孩子们浩浩荡荡地向西山国家森林公园出发。

临行前家长打来电话：“天气冷，是不是晚一点儿出发？是不是早一点儿回来？”主题课程部的老师们告诉家长：“放心吧，方案我们都详细地设计好了。”

1800 个孩子让已经荒凉的西山活了起来。山上的水池里全是冰，草地上还有小雪，拐弯处风很大、很硬，但这些都挡不住孩子们向往已久的心。孩子们已经在校园里憋了两个月，是该让他们出来“走透透”（“走透透”为闽南方言，意为“走遍”）了。在老师们的引导下，大孩子牵着小孩子并替他们背着背包，大家叽叽喳喳沿着山路勇敢攀行。

闫老师、李老师和陆老师带领的四年级（2）班、一年级（10）班组合，走得最远，他们非要爬到北面山头上的亭子那儿不可。结果，其他班级的车辆都往回开了，还没有看到他们下山的身影。等到这两个班的孩子上了车，我们才返回。同车的汤老师说："今天算是让孩子们知道了什么叫冬天、什么叫寒冷了。"我说："这就叫体验，孩子们在体验中能够形成品质，产生智慧。"

走到门口，我们听到公园的管理人员在议论："都这个时候了，玉泉小学还组织学生爬山，全北京也没有第二所学校这么干了。"我说："是的，全北京没有，就我们自己。"

因为我们想培养"德如玉，智如泉"的首都新公民。

我们的"魔鬼节"课程

放寒假之前，我们研究了五十多门好玩的课程，让全校的孩子从中选出十门。对问卷进行统计后我们发现，"魔鬼节"以最高票入选。

"魔鬼节"课程的设立，纯属歪打正着。本来打算设立的是"魔术节"，由于打字出现错误，打成了"魔鬼节"。在确定十大好玩课程的时候，有的老师提出，"魔鬼节"课程很难安排，这门课程的指向是什么？如何操作？如何评价？一系列前所未有的难题摆在我们面前。

我是主张设立"魔鬼节"课程的。虽然"魔鬼节"完全因为打字出错而产生，但以最高票当选，这说明孩子们的想法与我们的不一样。我们想的是，设立一门课程，就要如何教育孩子，达到一个什么目标，而孩子们想的则很简单，就是"好玩"。

于是大家统一了思想，保留了这门课程。但是由于开学后是春季，很难操作这样的课程，于是，我们把这一课程挪到了 11 月份。

11 月 1 日下午，全校老师和孩子共两千多人戴上面具，聚到了学校本部的操场上。主持人方老师请出第一位嘉宾，他是我们的外教老师，他的舞跳得很好，六一儿童节时大家都见识过了。他走上舞台，有孩子给他戴上面具。第二位出场的是我，我从楼里走出来，戴着面具，穿着主题课程部的老师中午替我赶制的一件塑料袋外套。在孩子们的欢呼声中，我登台宣布节日开始。

音乐响起，在外教老师的带领下，全场师生“群魔乱舞”起来，有扭屁股的、做鬼脸的、吓唬人的、尖声叫的、高声唱的、逗人乐的……现场成了欢乐的海洋。这个时候，没有大人、小孩之分，没有老师、学生之别，校长、老师放下了架子，丢掉了师道尊严，到处都是笑脸，都是笑声，都是欢乐，都是释放，都是表现……一句话：我们是幸福校园！

我忽然想到了一个问题：课程的价值究竟在哪里？是板起面孔教训人吗？是认真地走一个设计好的流程吗？其实，经过半个学期的校园生活，让老师和孩子们戴上面具扮成“魔鬼”，“群魔乱舞”，高声歌唱，大胆尖叫，吓唬吓唬别人，逗逗乐子，迎接更好的生活，难道不好吗？

三

一元钱的课程

今天，一元钱还能干什么？丢在地上估计都很少有人捡了。但是在我们玉泉小学，一元钱能做一件大事——开设一门课程。

按照我校的惯例，在学生节到来之际，我从自己的稿费中拿出 1998 元，送给每位玉泉学子一元钱。2013 年，我还送给每个孩子两粒太空种子，让他们购买一个花盆栽种。有的没有长出来；有的长出了长长的藤蔓；有的开了花，结出了“太空豆”。但不论成功还是失败，那都是一次人生的体验和感悟。

今年用这一元钱做点儿什么？我建议玉泉学子用这一元钱做一次有意义的旅行。这天下午，我把一元钱送到了每一个孩子的手里，还附上了一段话，提出了要求。

首先，做一个设计，找到距离自己住所最近的公交车站，算出购买一元钱的票能够抵达哪里，想想自己要去什么地方。其次，在端午节小长假的某个时段，在爸爸、妈妈的陪同下，购买一元钱的票，搭乘公交车去自己想去的地方。可以去买书，可以去游玩，可以去购物，可以去与同学聚会，随你的喜好来。当然，需要在爸爸、妈妈的资助下才能返回家里。最后，把这次有意义的短途旅行写出来，或画出来，或拍下来，或录下来，什么形式都可以，不仅要与父母分享，还要拿到学校与同学分享。

这次一元钱的旅行，我非常希望看到每个孩子的创意，看到每个孩子的奇思妙想，看到每个孩子的独特之处。这就是不起眼的一元钱的课程的价值。

三

我们的酷男靓女们

在寒假前投票选出十大好玩课程时，服装节是全体孩子投票最多的课程之一。

为什么要设计服装节？我们想让孩子们通过自己的设计、自己的选择、自己的搭配，秀出自己的个性和风采，从而发现美，创造美，学会审美。

然而，这门课程如何做？如何既不增加家长和孩子的经济与时间负担，又不影响教学秩序？对此我们心里没底。

我们学校规定，周一至周四孩子们穿校服，周五可以随便穿。我们决定利用一个周五做一场全校性的服装秀。活动之前，我们再三告诉孩子和家长：一定不要添置新衣服，要利用现有的衣服，或者借用别人的衣服，或者用废弃材料做一件衣服，让孩子自己做出选择，秀出个性和风采。

这天，北京的天空一片蔚蓝，我们终于迎来了服装节。我们在操场上铺上红地毯，让酷男靓女们在音乐的伴奏下款款走过，展示出自己的个性和风采。整个校园变成了一个美的海洋。每“秀”过一个班级，都会引起一阵惊呼！

全体孩子穿着统一的校服，是一道风景，而他们穿上个性张扬的“奇装异服”，不也是一道亮丽的风景吗？

我站在 T 台的末端端着相机，拍下酷男靓女们的风采：美丽的、俊俏的、端庄的、酷毙的、个性的、另类的、民族的、西方的……

三

从“扒地瓜”课程里“扒”出了什么

我小时候曾见识过千人会战的场面，那是在人民公社时期，公社和大队组织上千人一起种麦子，整个田野彩旗飘飘，人山人海。

2014 年 9 月 27 日，我又目睹了一个两千多人一起扒地瓜的场景。

玉泉小学 2300 名师生乘车来到大兴区的农田里，做“扒地瓜”课程。试想，两千多人一起窝在十亩地里扒地瓜，那是什么场景？风卷残云、气势恢宏、波澜壮阔，比人民公社时的场面大多了。

如果“扒地瓜”课程仅仅是让孩子们见识秋色、体验劳动、收获喜悦，那么课程价值就会打折扣。当你走到孩子们中间，观察他们如何扒地瓜时，就会发现他们“扒”出了什么。

一是“扒”出了体验。动手能力强、力气大、会用巧劲、有工具的孩子扒出了更多的地瓜。他们虽然满头大汗，一身灰土，但心满意足，得意扬扬。那是一种丰收的喜悦、成功的幸福。而体质弱、不善观察、平常不大爱动手的孩子则费时耗力，没有扒出几个地瓜，有些失落。那也是一种收获，是自我认知的收获，是没有取得成功的体验。不论孩子们扒出了多少地瓜，他们都经历了一个过程，拥有了一种体验，获得了一些感悟。

二是“扒”出了情感。有个孩子扒了半天的地瓜，等到劳动结束时抬头一看，发现装地瓜的袋子被别人拿走了（不是故意的，而是弄混了），于是就坐在那里号啕大哭起来。那可是自己的劳动果实啊，突然人间蒸发了，谁不心疼？此时，班级里的同学都围拢过来，一边劝慰，一边帮忙寻找，然后每个人都从自己的袋子里掏出一个，凑了一袋子递给这位同学。他拍拍屁股站起来，破涕为笑：“谢谢同学们！”同学之情、班级之爱、关怀之心得到了体现。这是怎样的同伴关系？

三是“扒”出了发现。孩子们刚涌进田里时，一时不知从哪儿下手，也不知如何扒出地瓜，通过老师示范、同伴观摩，很快他们就发现了秘诀。不止一个孩子告诉我：“高峰校长，我发现了一个秘诀——先找到地瓜根，再顺着根往里扒，就会扒出地瓜！”我笑了，那不是明摆着的事吗？但是且慢，这不是老师告诉他们的，而是他们自己发现的。这非常重要，孩子们学会了发现，学会了思考，也实现了自我成长！

四是“扒”出了合作。我看到六年级的三个男孩自由组合，分工合作。他们有的寻找地瓜墩，有的动铲子，有的配合扒，不一会儿就扒出了三个地瓜，然后分到三个人的袋子里，达到了配合默契、分工有序、成果共享的状态。放眼望去，单打独斗的孩子很少，绝大部分都自发地组合起来。这种合作是必需的，因为劳动实践告诉孩子们：不合作就扒不出更多的地瓜，合作是取得成功的保证。

当然，孩子们扒出地瓜的同时还“扒”出了更多的体验与感悟、更多的情感与友谊。当天晚上，在北京的两千多个家庭里，家长和孩子围在餐桌旁一起品尝香甜的地瓜，孩子滔滔不绝地谈论扒地瓜的情景。这说明我们真的“扒”出了地瓜之外更多的课程价值。

这些课程价值，我们在课堂上、在家庭里又怎能提供给孩子们呢？

三

新年礼物背后的玄机

2013 年的最后一天，按照我们学期初的安排，会开设欢乐新年节课程。我想，对成长中的孩子而言，学会在每个新年到来之际停下脚步做一些思考，抖一抖身上的尘土，畅想新的一年自己的梦想和希望，这既是人生规划的课程，也是情感发展的重要内容。于是，每年我们都开设欢乐新年节课程。

然而，年年如此，难免就会落入俗套。为了激发孩子们的热情，今年我想了好长时间，决定给孩子们派送新年礼物。

新年礼物套餐由八件礼物构成，它们是一支铅笔、一张红纸、一块橡皮、一包创可贴、一包面巾纸、一块巧克力、一盒牙签和一块口香糖。这些都是生活和学习用品，绝对不会造成浪费。我还附上了一张卡片，上面是我写给孩子们的一封信。

2014 年马上到了，我们将欢聚在一起，共同送走 2013 年，迎接 2014 年。在新年钟声敲响的时候，学校送给每一位玉泉学子八件新年礼物，校长希望你们在新的一年里做一名“德如玉，智如泉”

的玉泉学子。

第一件礼物：铅笔。

写下你2014年的梦想。有梦想才有动力，有动力才会努力奋斗，让我们做一个奋发向上的人，更加积极地走过2014年。

第二件礼物：红纸。

这是一张A4红纸，代表红红火火的一年。希望在元旦这一天，你们能与爸爸、妈妈一起畅想自己的梦想和未来。低年级的同学用彩笔把自己的梦想画出来，高年级的同学用文字把自己的梦想写出来，并拿到班里分享。

第三件礼物：橡皮。

每个人都会犯错。自己犯了错误，不要气馁，而要重新振作起来；别人犯了错误，要学会宽容，别老惦记着他人的错误。把过去一年犯的错误轻轻擦去，迎接新年的到来。

第四件礼物：创可贴。

谁的心灵都会受到一些伤害，关键是我们如何对待。我们要学会抚慰别人的心灵创伤，也要学会调适自己的心灵。

第五件礼物：面巾纸。

我们要懂得如何去抚慰别人和自己的痛苦。跌倒了，就要爬起来，既要帮助别人擦干眼泪，也要擦干自己的眼泪。

第六件礼物：巧克力。

当我们品尝巧克力的时候，要怀着一颗感恩的心。要想到过去的一年，学校和老师为我们付出了好多好多，爸爸和妈妈为我们付出了好多好多，同学们为我们付出了好多好多。永远不要忘记那些关爱我们的人！

第七件礼物：牙签。

希望在新的一年里，同学们用牙签挑出同学的长处、优点，欣赏别人，完善自己。

第八件礼物：口香糖。

我们是一所“幸福”牌学校，希望每一个人都能幸福地生活。当我们品尝口香糖的时候，要学会感受幸福的味道，体味走过的幸福的一年，盼望更加幸福的2014年。我们不可能一下子把甜味都吃出来，要不断地咀嚼，才能体会到。

这八件礼物，代表了八种品质和美德。孩子们，希望你们喜欢这些礼物并能够理解它们的含义。

我相信一句话：藏起来的教育才是最好的教育。

对孩子的说教，在孩子的心灵中很难留下印迹，因而作用往往不大。我们只有把教育藏起来，做到“春风化雨，润物无声”，孩子的情感发展才可能是充分的，他们将来才可能成为幸福的人。

派送新年礼物的意义不在于礼物本身，而在于其蕴含的教育价值。

幸福就是生活在期待中

如果一个人总是对明天充满期待、希望和梦想，那么，幸福天天都会围绕着、伴随着、充盈着他。

积极的心态是需要培养的。我们相信，在孩子们的成长过程中，如果我们通过课程设计与实施，让他们形成积极的人生态度和对明天有所期待的能力，就能真正实现“让每一个孩子拥有幸福人生”的办学理念和追求。

于是，每到元旦快要来临时，老师们就会苦思冥想：如何才能设计出一门可以让孩子们生出梦想、充满期待的课程？

2015 年新年，我们又送给孩子们六件新年礼物，从表面上看这些是能吃、能玩、能用的礼物，其实它们蕴含着课程价值——培养孩子们对明天有所期待的能力。

与往年一样，还附上了一封我写给孩子们的信。

你还记得 2014 年校长送给你们的新年礼物是什么吗？去年校长送给了你们八件新年礼物，虽然它们是一些普通的生活和学习用品，但其中蕴含了重要的意义！

2015 年到来了。今年校长要送给你们六件礼物，虽然比去年数量少了，但价值更大了！不信，请看——

第一件礼物，是“心愿豆”。

2015 年玉泉小学的课程将更加丰富多彩，小朋友来到学校将会感觉更加有趣、好玩、幸福。在这充满希望的一年里，你有什么美好的心愿，就许给“心愿豆”吧，让“心愿豆”帮助你梦想成真！

第二件礼物，是“梦想卡”。

不仅要许下美好的心愿，还要写出自己的梦想。在新的一年里，你有什么梦想？是学业上取得更好的成绩，还是拥有更多的朋友？是希望自主选修的课程更加好玩，还是得到一件心爱的礼物？总之，在新的一年里你希望得到什么？希望自己变得如何？元旦这天就与爸爸、妈妈坐在餐桌旁一起讨论，说说自己的梦想，然后拿起笔写到“梦想卡”上吧。一年级的小朋友可以画画，也可以用拼音。把其中一张“梦想卡”贴到自己的卧室里，节后将另一张“梦想卡”带到学校贴到教室里，等到 2016 年元旦时，看看你的梦想是否实现了。当然，六年级的小朋友 7 月份就要毕业了，不需要把“梦想卡”带到学校了，就留在自己的卧室里吧。

第三件礼物，是“童心结”。

有梦想就要去努力，而一个人的力量是不够的，要与同学们一起去奋斗。校长给你准备了一捆彩线，上网查一查，或在妈妈、奶奶、姥姥的帮助下，尝试着用这捆彩线编织一个“童心结”吧！编好后挂在床头，时刻提醒自己：“童心结”将所有的玉泉学子都联结起来、团结起来，我们要互相欣赏，互相帮助，互相鼓励，互相支持，让每一个同学都快乐地生活在幸福校园里！

第四件礼物，是“如意扣”。

“如意扣”上面是我们学校的形象大使——玉玉和泉泉，这是我们最亲爱的伙伴和朋友。请把“如意扣”挂在书包或随身携带的钥匙上吧。在实现梦想的道路上，我们还会遇到许多困难，还会遇到许多不如意的事情，可以把这些困难和烦心的事说给玉玉和泉泉听听。或许，我们会得到它们的帮助，会得到力量和鼓舞！

第五件礼物，是“智慧书”。

这是 2015 年第 2 期《军事文摘·科学少年》，这是我们大家最喜欢的一本杂志，里面的内容特别丰富，还有校长撰写的卷首语。把读书作为我们的生活方式吧。只有多读书，读好书，我们才能变聪明，我们才能有智慧，我们才能精进，我们才能“德如玉，智如泉”。

第六件礼物，是“平安果”（苹果）。

校长希望每一个玉泉学子，当然还有我们的老师和家长，在新的一年里都能够平平安安、一帆风顺！

这六件礼物，你明白每一件的含义了吗？就让我们带着新年礼物和美好的祝福上路吧，在新的一年里取得更大的成绩！

孩子们，让我们一起努力，共同期待 2016 年的新年礼物吧！

如果用心阅读，你就会发现，我送给孩子们的六件礼物是通过一条主线联系在一起的，这条主线就是让玉泉学子对新的一年充满期待！

后记

为儿童而不知疲倦地忙碌

2001 年，当我提出“幸福教育”理念的时候，除了上海师范大学的刘次林教授对此从理论上进行过研究和界定外，在实践层面中小学还没有人涉足。如今，随着社会的发展和人们对美好生活愈加强烈的向往，许多地区的教育部门和学校也都提出了“幸福教育”这一概念。

调到北京后，我浏览了曾经工作过的山东的学校的网站，看到他们依然在坚持做“幸福教育”，做得不虚假、不矫情、不功利、不做作，做得踏踏实实、真真切切，做的都是为了孩子——那是真正从尊重儿童出发而做的教育教学活动，是真教育。

做真教育，在这样一个功利化的时代，很是难能可贵。今天我们看到的、听到的、体验到的“假、冒、伪、劣”的教育太多了。一些人高举着“某某教育”的旗号，但他们并不是在做真教育。我看过一篇报道，介绍一所学校也在实施“幸福教育”，可明眼人一眼就能看出那不是为了全体孩子的全面发展和幸福成长，而是为了局长、校长、学校和老师的名利。

何谓“幸福教育”？我们是这样界定的：“幸福教育”就是追求教育的原生态，以儿童为本位，以课程为核心，以学程为路径，通过老师幸福地“教”和孩子幸福地“学”，让教育目的和教育本质回归人自身，让每一所学校溢满幸福的笑声，让每一位老师拥有幸福的生活，让每一个孩子拥有幸福的童年和幸福的人生。

我们追求的是“幸福的人生”，所以必须着眼于孩子一生的幸福去设计我们的组织结构、课程安排和运行方式，教育教学中的每一件事、每一个活动、每一个项目、每一个节点，都要指向每个孩子的“幸福的人生”，而不管社会要求什么、家长要求什么。

人生的所有问题都可以归结为幸福问题。人们努力奋斗往往是为了追求一生的幸福。

教育本身不是目的，课程、教学、教材、作业、考试、活动更不是目的，它们是用来帮助人们获得幸福的手段。教育的目的是帮助人们获得幸福。

孩子拥有幸福的权利，拥有与成人一样的尊严。孩子是未成年人，他们渴望幸福地成长。设立学校是为了孩子而不是其他。学校的功能和价值就是帮助孩子幸福地成长。

今天，我们成人亟须保持清醒，必须重新看见儿童，认识儿童，保护儿童，尊重儿童，发展儿童。因为儿童的未来不仅决定着他们本人一生的幸福，也决定着一个家庭的美满，更是一个民族的未来、一个国家的明天。

感谢今天仍继续坚持做“幸福教育”的我曾经的同事们！

感谢开辟“幸福教育”新天地的玉泉小学的全体老师和家长！

感谢所有为了儿童而不知疲倦地忙碌的人！

2015 年 3 月 9 日于北京秀雅斋，修订于 2020 年 3 月 5 日

图书在版编目（CIP）数据

重新发现儿童／高峰著. —北京：中国人民大学出版社，2020.6
ISBN 978－7－300－28143－8

Ⅰ.①重…　Ⅱ.①高…　Ⅲ.①儿童教育—研究
Ⅳ.①G61

中国版本图书馆 CIP 数据核字（2020）第 087259 号

重新发现儿童
高　峰　著
Chongxin Faxian Ertong

出版发行	中国人民大学出版社		
社　　址	北京中关村大街31号	邮政编码	100080
电　　话	010－62511242（总编室）		010－62511770（质管部）
	010－82501766（邮购部）		010－62514148（门市部）
	010－62515195（发行公司）		010－62515275（盗版举报）
网　　址	http://www.crup.com.cn		
经　　销	新华书店		
印　　刷	北京华宇信诺印刷有限公司		
开　　本	155 mm × 230 mm　16 开本	版　　次	2020 年 6 月第 1 版
印　　张	11.5　插页1	印　　次	2022 年 2 月第 2 次印刷
字　　数	150 000	定　　价	49.80 元